De 6 à 8 ans

les premières années d'école

D1323107

LES TITRES DE LA COLLECTION *PAS À PAS*
PUBLIÉS CHEZ GUY SAINT-JEAN ÉDITEUR:

De 1 à 3 ans: Les tout-petits
De 3 à 5 ans: L'âge préscolaire
De 6 à 8 ans: Les premières années d'école
De 9 à 12 ans: Les préadolescents

COLLECTION *PAS À PAS*

De 6 à 8 ans

les premières années d'école

Holly Bennett et Teresa Pitman

Traduit de l'anglais par Dominique Chauveau

Adapté pour le Québec par Françoise Robert

Préface du Dr Yves Lamontagne

Guy Saint-Jean
ÉDITEUR

Catalogage avant publication de Bibliothèque et Archives Canada
Bennett, Holly, 1957-
Les enfants de 6 à 8 ans: les premières années d'école
Nouv. éd.
(Collection Pas à Pas)
Traduction de: Steps and stages: from 6-8, the early school years.
Comprend des réf. bibliogr.
ISBN: 2-89455-211-4
1. Éducation des enfants. 2. Enfants – Développement. 3. Enfants – Psychologie.
4. Parents et enfants. I. Pitman, Teresa. II. Titre. III. Titre: Enfants de six à huit ans.
IV. Collection: Bennett, Holly, 1957-   . Collection Pas à Pas.
HQ769.B1314 2006   649'.124   C2006-940207-8

Nous reconnaissons l'aide financière du gouvernement du Canada par l'entremise
du Programme d'Aide au Développement de l'Industrie de l'Édition (PADIÉ)
ainsi que celle de la SODEC pour nos activités d'édition.
Gouvernement du Québec – Programme de crédit d'impôt pour l'édition de livres –
Gestion SODEC.

Photo de la couverture: Studio Vertical
Conception graphique: Christiane Séguin
Traduction: Dominique Chauveau
Adaptation: Le Magazine Enfants Québec, par Françoise Robert
Révision: Andrée Laprise
Dépôt légal 2e trimestre 2006
Bibliothèques et Archives nationales du Québec et Bibliothèque et Archives Canada
ISBN-13: 978-2-89455-211-7
ISBN-10: 2-89455-211-4

DISTRIBUTION ET DIFFUSION
Amérique: Prologue
France: CDE / Sodis
Belgique: Vander s.a.
Suisse: Transat s.a.

GUY SAINT-JEAN ÉDITEUR INC.
3154, boul. Industriel, Laval (Québec) Canada H7L 4P7. (450) 663-1777.
Courriel: saint-jean.editeur@qc.aira.com Web: www.saint-jeanediteur.com

GUY SAINT-JEAN ÉDITEUR FRANCE
48, rue des Ponts, 78290 Croissy-sur-Seine, France.
(1) 39.76.99.43. Courriel: gsj.editeur@free.fr

Imprimé au Canada

Table des matières

Remerciements 7
Préface 9
Introduction 11

Vivre ensemble: la relation parents-enfants 13
    «Est-ce qu'on peut parler?»: amener les enfants
        à dire ce qu'ils pensent 15
    «Allez, essaie encore!»: apprendre à persévérer . .20
    Les conséquences logiques: apprendre à être
        responsable 26
    Aider gratuitement ou non: les petites corvées
        et l'argent de poche .31
    À la table des négociations:
        traiter avec les enfants 39
    «C'est pas juste!»: la justice entre frères et sœurs . .45
    «Interdit d'entrer!»: le besoin d'intimité 50
    Au-delà des cigognes et des choux:
        parlons sexualité 55

Prendre son envol: votre enfant dans le monde . .61
    «Je suis capable tout seul!»: encourager
        l'indépendance 63
    La grande école: une étape à préparer 69
    Des amis, vraiment!: le tourbillon social
        commence 74

«Pas question, je n'irai pas!»: les non-participants . .80
«On couche chez toi ou chez moi?»: les enfants
  à l'aube de la vie 85
«Chez mon ami, on peut le faire!»: différentes
  traditions, différentes règles 90

Les problèmes de croissance: les défis à
relever – les leurs et les vôtres 95
«J'aime pas ça, l'école!»: régler les problèmes
  scolaires 97
Mouiller son lit: rêver d'une nuit au sec 105
«On ne fait pas mal aux autres»: maîtriser un
  comportement agressif 111
«Dans ce coin»: enseigner le combat loyal 118
La vérité sur les petits mensonges: pourquoi
  les enfants mentent 125
Les colères refont surface: les crises des enfants
  d'âge scolaire 131
La perte d'un être cher: dire adieu 136

Au jeu!: l'importance du jeu dans l'enfance 143
«Je m'ennuie!»: quoi faire quand il n'y a
  rien à faire 145
Tout le monde gagne: coopération et jeux non
  compétitifs 149
«À l'attaque!»: le plaisir de chahuter 155
«Encore dans les nuages!»: à la défense
  des rêveurs 160
La dépendance aux jeux vidéo: l'attrait
  de l'écran 164
Pipi, caca, fesses: l'humour des enfants 170
Jamais trop vieux: faire la lecture aux enfants . .176

Le mot de la fin: apprendre en tout temps 181

Lectures recommandées .186

Remerciements

Comme toujours, nous tenons tout d'abord à remercier les parents et les professionnels qui nous ont accordé leur temps avec générosité et ont gentiment accepté de répondre à nos questions et de partager avec nous leurs expériences avec les enfants.

Merci à Bonny Reichert et à tous les autres rédacteurs du magazine *Today's Parent*, et à Barbara Berson, notre chargée de projets, qui a su transformer une collection d'articles hétéroclites en une série de livres captivants.

Merci à John Hoffman, le mari de Holly, un père exemplaire, un époux fiable et un humaniste.

Et finalement, merci aux enfants, les nôtres et ceux des autres, qui nous permettent de grandir autant comme parents que comme personnes.

L'éditeur tient à remercier Claire Chabot, rédactrice en chef du Magazine Enfants Québec *et son assistante, Nathalie Dorais, pour leur collaboration.*

Préface

L'éducation des enfants est sûrement l'expérience la plus enrichissante que des êtres humains puissent connaître, mais c'est également un cheminement très compliqué. En effet, tous les parents sont différents; ils possèdent des qualités et des défauts particuliers, des conditions socio-économiques variables, des notions d'éducation et d'instruction diverses, un profil génétique unique et des expériences de vie qui varient selon l'âge, la langue, la culture et les coutumes. Il en va de même pour chaque enfant qui, en plus d'être issu de deux personnes avec leurs caractéristiques propres, a lui aussi une personnalité, une intelligence, des émotions et des réactions qui en font un modèle unique.

Voilà pourquoi il n'y a pas de dogmes dans l'éducation des enfants. Chaque parent doit prendre ce qui lui convient dans ses lectures ou au cours de discussions avec des amis ou des professionnels. Il n'y a donc que des suggestions, des idées et des conseils qui peuvent être donnés et appliqués selon l'intérêt et les préférences de chacune et chacun.

Les quatre livres de la collection *Pas à Pas* sont, en ce sens, intéressants. De façon très pratique, ils touchent des points de la vraie vie à laquelle les parents sont confrontés quotidiennement et ce, à chaque stade du développement de leur enfant. Bien plus, ils contiennent des anecdotes et des suggestions pratiques qui sont rapportées non seulement par des professionnels, mais par des parents.

Ceux et celles qui cherchent la «Vérité» seront déçus car, heureusement, l'éducation des enfants ne s'apprend pas dans les livres; elle se vit au jour le jour. La lecture d'ouvrages sur le sujet nous permet seulement de comparer notre expérience avec celle des autres et, espérons-le, d'augmenter notre compétence. En ce sens, le ton positif, humoristique, sans jugement de valeur et rempli de compréhension pour les enfants fait de ces volumes une source de références qu'il fait toujours bon de garder à portée de main.

Le docteur Yves Lamontagne,
md., frcpc., Adm.A.

Introduction

Les premières années d'école (de six à huit ans) sont celles de la bicyclette et des grands amis, du soccer et des jeux vidéo, du monde que l'on découvre aussi bien à la maison qu'à l'école. Votre enfant de six à huit ans est encore assez petit pour vous sauter au cou et vous embrasser, mais déjà suffisamment grand pour vous interdire tout geste d'affection devant ses amis. Il peut jouer avec des cubes et, l'instant d'après, maîtriser un jeu d'ordinateur complexe. Vous remarquez chaque jour une évolution: il apprend à patiner, à lire, à tenir sa place dans la cour d'école, à gérer son argent.

Le développement de votre enfant est moins spectaculaire à ce stade que pendant les années préscolaires (de trois à cinq ans), mais il n'en est pas moins stimulant. Sa capacité de raisonner, ses habiletés sociales, ses aptitudes physiques, son jugement moral: tout devient de plus en plus sophistiqué. Pendant ces premières années d'école, plusieurs enfants débordent de joie et sont faciles à vivre, tandis que d'autres ont plus de difficulté. Certains n'aiment pas l'école, ont du mal à se faire des amis, sont inquiets, rêveurs ou encore incapables de rester assis.

Les enfants ne s'intéressent pas tous aux activités de groupe et aux sports qui en attirent plusieurs, mais leurs parents n'en sont pas moins occupés. Pour certains, ces années sont un véritable tourbillon d'activités: réunions de parents, voyages d'étude, vente de chocolat pour l'école, camp scout, cours de musique ou de gymnastique, couchers chez les amis ou les recevoir à coucher; autant d'activités qui accaparent aussi bien les enfants que les parents. Comment, avec tout ça, trouver le temps de se détendre avec ses enfants? Vous devrez peut-être le prévoir à votre horaire. Passer une heure ou deux en compagnie de votre enfant, que ce soit pour discuter, lire, jouer au ballon ou faire une promenade est essentiel si vous tenez à conserver la grande amitié que vous avez pris tant de peine à développer avec lui.

Vivre ensemble
la relation parents-enfants

«C'est plus facile après les années préscolaires, n'est-ce pas?» demande un père à un autre, tout en essayant de calmer son tout-petit qui pique une colère.

«Pas plus facile, seulement différent», répond en riant l'autre père dont les enfants sont plus vieux.

Les enfants d'âge scolaire sont moins prompts à faire des colères. De plus, l'apprentissage de la propreté est probablement terminé et ils sont capables d'aller se coucher tout seuls. Cependant, l'apprentissage de votre enfant est loin d'être terminé, particulièrement au chapitre des responsabilités et de la communication. Les techniques de persuasion qui fonctionnaient lorsqu'il avait quatre ans ne sont plus efficaces. Ces enfants sont prêts à négocier et ils sont extrêmement conscients des notions de justice et d'équité.

Certains changements peuvent vous surprendre. Le

tout-petit qui en profitait pour se déshabiller dès que vous aviez le dos tourné et qui s'amusait à courir partout tout nu est aujourd'hui un jeune de sept ans qui insiste pour être tout seul lorsqu'il se change ou va aux toilettes. Votre bambin de cinq ans qui bavardait sans cesse peut désormais répondre à votre question: «Comment c'était à l'école aujourd'hui?» par un «Bien!» hâtif; si, toutefois, il daigne vous répondre. Et s'il vous a déjà pris pour le roi ou la reine de la sagesse, attendez-vous à ce que ce ne soit plus le cas dans les années qui viennent, alors qu'il se fera sa propre idée de la façon dont les choses devraient être faites.

Ces changements font tous partie du processus de croissance. Tandis que la maison et la famille ont toujours beaucoup d'importance pour lui, votre enfant tente de comprendre qui il est et quelle est sa place dans le vaste monde de l'école, du voisinage et de sa communauté.

«Est-ce qu'on peut parler?»
amener les enfants à dire ce qu'ils pensent

L'année où mon fils a eu six ans, son meilleur ami était dans la même classe que lui et la vie était belle; jusqu'à ce qu'un jour, son ami tombe malade et manque l'école. De l'avis du professeur, mon fils était très perturbé et, après avoir un peu pleuré, il aurait passé la matinée seul, à tourner tristement en rond.

Donc, pendant la soirée, j'ai fait de mon mieux pour l'inciter à se confier à moi.

– Comment c'était à l'école aujourd'hui, mon chéri?

– Bien! a-t-il répondu avec enthousiasme.

J'admets que j'avais mérité une telle réponse. J'ai donc fait une nouvelle tentative.

– Tu as dû t'ennuyer sans ton ami Jérôme?

– Non, fit-il surpris, d'un ton hautain. Il y a plein d'autres enfants avec qui je peux jouer.

Nous ne nous heurtons pas toujours à un tel mur avec nos enfants, mais ces jeunes de six à huit ans peuvent avoir bien des préoccupations et il ne leur est pas toujours facile de trouver les mots pour les exprimer.

Joanna Santa Barbara, pédopsychiatre et mère de famille, souligne: «C'est un âge où il y a plusieurs nouvelles réalisations, certaines d'entre elles étant plutôt importantes. Par exemple, les enfants commencent à percevoir leur place en société, à se soucier de la façon dont les autres les voient et à se comparer aux autres.

15

Cela peut être difficile pour ceux qui ont des troubles d'apprentissage, un comportement social immature ou une caractéristique physique particulière, comme l'obésité, qui les tiennent à l'écart des autres. En même temps, explique la pédopsychiatre, ils ne possèdent pas suffisamment de vocabulaire pour exprimer verbalement ce qu'ils ressentent.»

Comment les parents peuvent-ils aider les enfants à s'ouvrir et à discuter de ce qui les tracasse? Joanna Santa Barbara croit que c'est moins la façon de le faire qui est important que le climat qui règne dans une famille au jour le jour.

«D'abord, avec un environnement familial ayant des valeurs et des coutumes qui favorisent le respect des sentiments des autres et encourage la communication, dit-elle. Les adultes peuvent-ils s'exprimer ouvertement, démontrer de l'affection, discuter franchement de ce qu'ils ressentent, résoudre les problèmes ensemble? Les parents écoutent-ils les enfants?»

Il semble évident que les enfants qui savent pouvoir compter sur une écoute attentive sont plus portés à se confier lorsqu'ils sont troublés. Le problème est que, bien souvent, parents et enfants ne partagent pas les mêmes intérêts. En effet, il n'est pas important pour vous de savoir comment s'est terminé le dernier épisode de «Macaroni tout garni» ou comment son ami était vêtu à l'école cette journée-là. Mais comme le dit si bien Danielle Laporte, coauteure de l'ouvrage intitulé *Du côté des enfants, volume II* (Publications de l'Hôpital Sainte-Justine en collaboration avec *Le Magazine Enfants Québec*, 1992): «L'important c'est de savoir s'arrêter pour regarder et écouter ses enfants...» Mais souligne Joanna Santa Barbara: «C'est une question de respect. Lorsqu'ils vous parlent de quelque chose, c'est parce que c'est important pour eux.» Donc, en faisant l'effort d'écouter nos enfants quand ils veulent partager leurs intérêts avec nous, ils viendront probablement nous voir plus naturellement quand ils vivront des moments plus difficiles.

Que faire lorsque notre enfant semble préoccupé, et qu'il ne vient pas se confier à nous? Parfois, souligne Joanna Santa Barbara, il suffit de l'informer de notre impression: «Tu m'as l'air bien triste!» ou «Tu es bien silencieux aujourd'hui.» Nous devrons peut-être même tenter de deviner ce qui ne va pas, surtout si l'enfant semble avoir de la difficulté à en parler: «Je sais que tu attendais cette fin de semaine avec impatience pour être avec ton papa, et il n'a pas pu venir. Ce ne serait pas ça qui te tracasse?» Les enfants ont parfois besoin d'aide pour trouver les mots pour exprimer leurs sentiments confus, ou ils doivent être rassurés qu'ils font bien d'en parler.

Les enfants d'âge scolaire commencent à prendre conscience d'eux-même, à ressentir des sentiments de gêne, et ont besoin d'un peu d'intimité. Lorsqu'on interroge un enfant, tous ces facteurs peuvent soudain faire ressortir sa susceptibilité ou le rendre moins ouvert.

«Bien des enfants se sentent sous pression et obligés de parler lorsqu'on les fait asseoir pour discuter, raconte Joanna Santa Barbara. Il est souvent plus facile de discuter avec eux en participant à leurs jeux ou à toute autre activité.»

Donc, si votre enfant a tendance à ne rien dire, vous devrez peut-être créer des situations qui amèneront ces conversations fortuites: jouer à un jeu de société avec lui, faire une salade ensemble, vous attarder dans sa chambre lorsque les lumières sont éteintes. Cela peut tout simplement lui donner le temps et l'espace dont il a besoin pour partager sa découverte de la lecture, son désir d'être ami avec un camarade de classe en particulier, l'humiliation qu'il a subie à l'heure du repas ou la confusion qu'il ressent au sujet de la sexualité.

Et qu'en est-il de mon «Monsieur Déni» du début et de sa «formidable» journée de classe? Peut-être, me fait remarquer Joanna Santa Barbara, que mon fils souhaitait régler ce problème lui-même. Si c'est le cas, nous devons le respecter, à moins que l'enfant ne puisse vraiment pas y arriver seul. Mais elle suggère une façon intéressante de lui offrir notre soutien, sans le mettre dans une situation embarrassante: «Le fait que ton ami ne soit pas là n'a pas dû être facile pour toi. Tu as dû t'ennuyer! Mais je sais que tu apprends à te débrouiller tout seul.»

Jeux de discussion: briser la glace

Rien ne vaut les jeux de discussion pour augmenter les possibilités de converser avec les enfants. Ils nous permettent d'éviter la fameuse question habituelle: «Qu'est-ce que tu as fait aujourd'hui?» et à en savoir plus sur chacun de nous. Ces jeux sont parfaits pour les longues randonnées en auto, les courts bavardages avant d'aller au lit ou autour de la table. Voici quelques suggestions:

- Nomme ton animal préféré, ton jeu préféré ou ton émission de télé préférée.
- Énumère les aliments, les couleurs, les sports que tu aimes et ceux que tu n'aimes pas.
- Si tu avais le choix, tu voudrais être un zèbre ou une voiture? Un arbre ou un rocher?
- Si tu pouvais choisir, quel âge voudrais-tu avoir?
- Si tu devais vivre chez un de tes amis, quelle famille choisirais-tu?
- Étais-tu triste, heureux, fâché ou maussade aujourd'hui? Pourquoi?
  Répondez aux questions chacun votre tour.

Raconter des souvenirs est une autre façon d'encourager la confiance et le partage. Les enfants adorent entendre des histoires sur l'enfance de leurs parents et ils sont rassurés de voir que vous aussi, vous avez vécu des moments difficiles: «Je me souviens lorsque j'étais en première année, le professeur ne voulait pas que j'aille aux toilettes. J'ai fait pipi dans mon pantalon. J'étais tellement gêné que je me suis mis à pleurer.» Vous pouvez échanger des souvenirs: «Quel est le meilleur souvenir que tu gardes de tes vacances de l'an dernier? Quels sont tes souvenirs de Noël lorsque tu étais tout petit? Tu te souviens quand Snif n'était qu'un chiot, la fois où il est resté coincé sous la galerie?»

«Allez, essaie encore!»
apprendre à persévérer

Catherine, une enfant de sept ans, joue à la balle molle dans le jardin, avec sa mère. Elle manque les trois premiers coups et, de rage, jette son gant par terre.

– Ce n'est pas grave, Catou, lui dit sa mère pour l'encourager, tu vas finir par l'avoir. Place ton autre main au-dessus du gant, comme ça; tu pourras bloquer la balle quand elle arrivera.

Catherine fait un nouvel essai, sans beaucoup d'enthousiasme. Mais lorsqu'elle rate de nouveau la balle, elle s'enfuit en courant.

– Je n'aime pas ce jeu, marmonne-t-elle. Je vais regarder la télé.

Julien est en troisième année et il fait son devoir de mathématiques.

– C'est trop difficile! Je n'y arrive pas, déclare-t-il.

– Fais voir, Julien, lui dit son père. Qu'est-ce que tu ne comprends pas?

– Tout!

– Bon, prenons le premier problème. Tu le commencerais comment?

– J'en sais rien! C'est stupide et je ne le ferai pas! s'écrie-t-il en fermant son livre d'un coup sec et en se réfugiant, en larmes, dans sa chambre.

Les enfants seraient-ils devenus moins persévérants? Mais non! Vous trouverez bien des enfants qui font beaucoup d'efforts pour acquérir la dextérité nécessaire pour jouer au hockey ou pour siffler, ou encore pour accéder à un niveau supérieur de leur nouveau jeu vidéo. Mais bien des enfants ne démontrent pas de ténacité et ne font pas d'efforts pour surmonter une difficulté, et s'il vous semble que les vôtres ne sont pas aussi persévérants que vous l'étiez à leur âge, vous avez peut-être raison.

Harvey Mandel, professeur de psychologie à l'Université York (Toronto) déclare: «De nos jours, bien des enfants ont des attentes irréalistes. Nous vivons dans un monde qui ne supporte pas d'attendre. Tout se fait sur-le-champ, qu'il s'agisse de communication, d'images télévisées, de nourriture, d'idoles sportives. Les enfants voient le produit final, mais non ce qui a mené à ce résultat. Ils ne se rendent pas compte, par exemple, du nombre d'années d'entraînement qu'il faut pour devenir un athlète professionnel.»

Ester Cole, psychologue responsable au Conseil Scolaire de Toronto, ajoute que le train de vie accéléré d'aujourd'hui pousse les enfants à se concentrer sur le résultat final plutôt que sur le processus d'apprentissage. «Bien des parents sont bousculés par leur travail et leur mode de vie. Il est difficile d'accorder à son enfant le temps de se débattre avec ses lacets de chaussures quand ça retarde toute la famille.» Mais en ce faisant, questionne-t-elle, nous transmettons peut-être à nos enfants le message que le succès vient aisément. «Nous avons tendance à montrer notre appréciation pour l'habileté à faire les choses ou à apprendre rapidement, et bien peu pour les efforts qui sont faits.»

Est-ce un problème? Oui. D'un côté, les gens qui sautent des étapes n'arriveront probablement pas à avoir d'excellents résultats, même s'ils sont talentueux et brillants. Le fait de persister dans une tâche et de supporter les premiers échecs sans se décourager constitue un atout majeur qui sera utile à votre enfant tout au long de sa vie.

En fait, les enfants qui n'ont pas appris à persévérer dans l'effort risquent d'avoir plus tard une piètre image de soi. Dans leur livre *Les besoins et les défis des enfants de 6 à 12 ans* (Les éditions Héritage, 1994), les auteurs rappellent que l'erreur, bien que vécue chez nombre d'adultes comme un échec, est en fait un élément positif qui permet d'ajuster ses actions et de réaliser de nouveaux apprentissages. L'enfant doit «faire des erreurs et vivre ainsi des formes de déséquilibre momentané». Germain Duclos, Danielle Laporte et Jacques Ross soulignent en outre que «si nous amenons l'apprenti sorcier (*i.e.* l'enfant) à n'accorder de l'importance qu'à l'atteinte rapide des résultats, au détriment du processus par lequel il y parvient, il percevra ses erreurs comme des obstacles qu'il faut éliminer par souci de rentabilité. N'ayant plus le droit à l'erreur, contraint d'atteindre à tout prix des résultats, le jeune estimera que sa valeur personnelle équivaut surtout à son rendement.»

Alors, comment pouvons-nous aider nos enfants à développer une attitude de persévérance?

Morcelez les défis en «petites étapes surmontables» afin qu'ils ne se sentent pas accablés, conseille Ester Cole. «Lorsqu'un enfant affirme: "Je ne suis pas bon en mathématiques", aidez-le à être plus précis. Il ne fait, bien souvent, que buter sur un petit détail.» De même, un jeune enfant qui veut devenir pianiste de concert se découragera probablement bien avant d'avoir eu la possibilité de maîtriser cet art. Un bon professeur trouvera des objectifs plus modestes qui seront à la hauteur de l'enfant et qui seront suffisamment stimulants pour représenter un vrai succès. Si votre enfant supporte mal la frustration, il a besoin d'avoir de petits buts à atteindre, juste assez difficiles pour lui, qui lui permettront de passer à un niveau supérieur de persévérance.

Aidez votre enfant à percevoir les échecs de façon positive. C'est une erreur, souligne Harvey Mandel, que d'essayer de protéger nos enfants contre tout échec. «Il est difficile de laisser nos enfants souffrir, admet-il, mais nous devons les laisser faire des erreurs et, lorsqu'ils échouent, leur montrer qu'il y a toujours quelque chose à apprendre d'un échec. Essayez de comprendre ce qu'ils ressentent, aidez-les à trouver ce qu'ils devraient faire de différent la prochaine fois et encouragez-les à essayer de nouveau.»

Cela ne veut pas dire que vous ne devriez jamais empêcher un enfant d'échouer. Souvenez-vous que le fait de surmonter un petit obstacle peut encourager la persévérance mais qu'un échec cinglant peut être humiliant. Les parents et les professeurs peuvent guider les enfants vers des défis qu'ils peuvent relever.

Soyez un bon modèle. Les enfants croient souvent que tout est facile pour les adultes. Montrez-leur que vous avez des difficultés et que vous ne vous découragez pas pour autant, qu'il s'agisse de mots croisés à terminer ou d'un cours du soir à suivre. Dites-leur ce que vous ressentez afin qu'ils sachent ce que vous traversez: «J'ai l'impression que je ne viendrai jamais à bout de ce travail! Je dois trouver une façon de m'en sortir.»

Travaillez avec lui, mais pas pour lui. Lorsque vous aidez Stéphane à étudier pour un test d'épellation ou à exercer ses lancers au hockey, vous l'encouragez à persévérer dans une tâche. Mais si vous faites le travail à sa place, par exemple construire la maquette d'un château, c'est à vous que vous apprenez la persévérance, pas à lui!

Une dernière suggestion: si notre mode de vie rapide nous amène à attendre des gratifications instantanées, nous pouvons peut-être, de temps en temps, ralentir un peu et aider nos enfants à faire l'expérience de la valeur d'un travail qu'on a pris le temps de bien accomplir. Y a-t-il un projet que vous aimeriez faire avec eux? Pendant les vacances, vous pourriez peut-être passer une journée à faire du pain, à dessiner, puis à fabriquer une cabane à oiseaux (oui, avec de bons vieux outils!) ou à apprendre comment confectionner des bougies. Il s'agit de trouver une situation dans laquelle le temps et l'effort signifient davantage que la réussite, mais qui soit agréable en soi. À la fin de la journée ou au bout de plusieurs jours, cela n'aura pas vraiment d'importance que votre pain soit délicieux ou quelconque, votre cabane à oiseaux bien faite ou non. Vous aurez appris quelque chose d'intéressant et vous aurez eu du plaisir à travailler ensemble – et c'est ça la vraie réussite.

Des questions sur l'abandon

Et maintenant, voici une question difficile. S'il est bien d'encourager les enfants à persévérer dans leurs efforts, devrions-nous les empêcher d'abandonner? Les obliger à poursuivre les cours de piano ou à aller à leurs cours de patinage toutes les semaines?

Parfois, votre enfant a seulement besoin d'un peu d'encouragement pour poursuivre et récolter le fruit de ses efforts. Mais attention, prévient Ester Cole: «Ça ne doit pas devenir une lutte de pouvoir. Vous pourriez faire plus de mal que de bien.»

Cela ne veut pas dire que vous ne devez pas insister pour que votre enfant fasse un travail correctement ou termine son devoir. Vous le pouvez, bien entendu; cela fait partie de l'apprentissage des responsabilités. Et lorsqu'il s'agit d'activités organisées, il est raisonnable de s'attendre à ce que l'enfant participe à fond à une activité nouvelle. Expliquez-lui que les débuts dans un nouveau sport ou une nouvelle activité peuvent être frustrants et qu'il doit y prendre part suffisamment longtemps pour savoir de quoi il retourne. Cela peut durer quelques séances, une série de cours ou une saison selon son âge et son tempérament et l'activité choisie. Pour les enfants qui manquent d'assurance face à de nouvelles activités, il est préférable d'étudier la possibilité «d'essayer avant de dépenser». Inscrivez-le à un mois de cours de karaté avant de vous engager pour plus longtemps, ou assistez avec lui à quelques leçons en tant qu'observateur.

Cependant, un enfant qui ne veut vraiment pas apprendre le piano ou à jouer au hockey a peu de chance de découvrir ce qu'est la satisfaction d'une chose accomplie, la motivation ou le plaisir d'apprendre s'il est obligé de le faire.

Lorsqu'un adulte empêche l'enfant de faire quelque chose de sa propre initiative, il entrave aussi son sens de l'accomplissement. Souvenez-vous que votre but est d'élever des enfants qui croient «Je peux le faire si j'essaie» et non «Je peux le faire si mes parents m'y obligent!»

Les conséquences logiques
apprendre à être responsable

Auparavant, dans l'éducation des enfants, il y avait les punitions. Puis, tandis que les spécialistes dans l'art d'éduquer les enfants cherchaient des méthodes plus douces, il y eut les «conséquences» (le retrait de privilèges et des temps d'arrêt, par exemple). Finalement, nous, parents, avons été encouragés à utiliser les «conséquences logiques» en réponse à la mauvaise conduite de nos enfants.

Mais que veut dire au juste cette phrase à connotation technique? Elle semble suspecte; on dirait un euphémisme moderne pour punitions d'autrefois.

Kathy Lynn, éducatrice de Vancouver et présidente de *Parenting Today*, soutient que les conséquences logiques sont, en fait, bien différentes des punitions.

«Pour moi, les conséquences logiques sont une façon de "donner un petit coup de pouce à la nature", dit-elle. Vous savez, chacun de nos actes et de nos décisions entraîne une conséquence. Parfois, la conséquence est positive ou neutre. Parfois, elle est négative. Et lorsque les enfants expérimentent les conséquences de leurs actes, ils apprennent à être responsables de leurs propres décisions.»

«Parfois, cependant, il arrive que les parents ne veulent pas attendre les conséquences naturelles, peut-être parce qu'elles sont trop dangereuses ou sévères, ou qu'elles surviendront trop tard pour que l'enfant en tire une leçon. Ou peut-être aussi que la conséquence naturelle touchera quelqu'un d'autre, et qu'il faut protéger ce dernier.»

Imaginons, par exemple, que votre enfant a la mauvaise habitude de laisser sa bicyclette devant la maison, sur la pelouse, alors qu'il doit la ranger dans le garage. Laisser la bicyclette là où elle est peut entraîner des conséquences naturelles qui ne sont pas très heureuses: la bicyclette peut être volée; mais à sept ans, votre enfant ne peut économiser suffisamment d'argent pour s'en acheter une autre et vous seriez incapable de l'en priver. La bicyclette pourrait rouiller et, donc, durer moins longtemps; mais d'ici là, votre enfant aura probablement grandi et le vélo ne sera plus à sa taille. C'est donc son petit frère (ou votre compte bancaire) qui en souffrira. Vous décidez alors de donner un petit coup de pouce à la nature avec une conséquence «logique».

Qu'est-ce que cela signifie? «La conséquence [logique], explique Kathy Lynn, est directement reliée au comportement de l'enfant. Elle lui démontre le lien qui existe entre l'acte qu'il a posé et ses résultats. Si un enfant laisse sa bicyclette dehors et qu'il se voit privé de télé, il n'y a aucun lien. C'est une règle parentale arbitraire. Mais si vous lui expliquez: "Nous avons des règles concernant les bicyclettes et lorsque tu choisis de ne pas les suivre, tu perds le droit de rouler avec elle", ça devient logique. Dans cet exemple particulier, vous pourriez dire quelque chose comme: "Tu as la responsabilité de ranger ta bicyclette le soir dans le garage. Je suis prête à te donner une chance. Mais si je dois la ranger moi-même, elle ne sortira pas du garage avant deux jours." C'est comme si vous donniez à votre enfant un avant-goût de ce que sera éventuellement la vraie conséquence.»

Kathy Lynn signale que les parents restent parfois accrochés au côté technique des conséquences logiques

(Est-ce entièrement logique? Dois-je spécifier les conséquences avant? Devrais-je faire un contrat stipulant les règles et les conséquences?). Alors que c'est le but visé et la façon de l'appliquer qui sont beaucoup plus importants.

«Si vous n'êtes pas certain de la différence qu'il y a entre les conséquences et la punition, demandez-vous quelle est votre intention. Vous devez vous demander: "Quelle leçon mon enfant va tirer de ça?" et non pas "jusqu'à quel point doit-il souffrir?" Le but est d'apprendre, pas d'être châtié.»

Kathy Lynn observe qu'une conséquence logique n'a pas besoin d'être nécessairement déplaisante pour l'enfant. «Ça n'a pas besoin de faire mal pour être une expérience d'apprentissage efficace, dit-elle. Par exemple, les parents pensent parfois qu'il ne sert à rien d'envoyer un enfant qui embête les autres dans sa chambre s'il prend plaisir à y lire et à y jouer. C'est cependant une bonne occasion pour lui d'apprendre que lorsqu'il se sent antisocial, il est préférable qu'il fasse quelque chose seul pendant un moment.»

Si les parents considèrent que c'est un apprentissage plutôt qu'une punition, ils trouveront aussi plus facile d'établir une discipline appropriée aux besoins de chaque enfant, plutôt qu'en suivant des directives générales. «Certains enfants ont besoin d'avoir plus de limites et des conséquences très cohérentes, observe Kathy Lynn. D'un autre côté, si votre enfant fait habituellement attention à sa bicyclette et qu'il la laisse dehors un soir parce que son ami vient dormir à la maison et que cela le rend distrait, vous n'avez pas besoin de lui imposer une conséquence. Vous pouvez lui rendre service et ranger la bicyclette à sa place, parce qu'il n'a pas besoin d'apprendre à être responsable de sa bicyclette; il l'est déjà.»

Lorsqu'un enfant a causé des dommages, soit à un

bien ou à une personne, une conséquence logique peut être de réparer les dommages causés, en tenant compte de son âge. S'est-il fâché et a-t-il brisé le jouet d'un ami? Il devra donc aider à le remplacer. Il possède peut-être un jouet que son ami aime bien et il pourrait le lui offrir ou encore utiliser son argent de poche pour contribuer au remplacement du jouet. Au lieu d'un prêté pour un rendu, il a la chance d'apprendre une importante leçon de vie: lorsque tu commets une faute qui touche une autre personne, tu as la responsabilité de faire tout ce que tu peux pour réparer les dégâts.

Les conséquences logiques sont surtout efficaces lorsqu'il règne un climat familial où les enfants ont souvent la permission de faire leurs propres choix et d'en expérimenter les résultats. «Ces enfants comprennent déjà que des mauvaises décisions peuvent mener à des conséquences négatives, dit Kathy Lynn. Donc les conséquences logiques sont valables pour eux.»

le saviez-vous?

«Logique» ne veut pas nécessairement dire négatif

C'est presque une déformation professionnelle pour les parents que de trop se concentrer sur les fautes que commettent leurs enfants et de ne pas remarquer ce qu'ils font de bien. Mais ils peuvent «donner un petit coup de pouce à la nature» avec une conséquence logique lorsque l'enfant fait des choix positifs.

«Jessica, ma fille de huit ans, s'est amusée longuement avec son petit frère, la semaine dernière, raconte sa mère, Jeanne Brabant. Elle était très patiente et gentille avec lui, ce qui m'a permis de m'occuper de mon arriéré de travail. Et je n'ai presque rien dit; vous savez, il y a une petite voix en vous qui murmure: "Ne t'en mêle pas, la récompense de la vertu est la vertu elle-même", fait remarquer Jeanne. J'avais l'impression de payer ma fille parce qu'elle avait été gentille. Mais en fait, lorsqu'on est gentil avec les gens, ils ont envie, à leur tour, d'être gentils avec nous. Quel mal y a-t-il à montrer son appréciation?»

Aucun. Comme le dit si bien un vieux proverbe: «Un service en attire un autre.» Et un mauvais coup? Un mauvais coup appelle une conséquence logique – et la possibilité de se reprendre.

Aider gratuitement
ou non
les petites corvées et l'argent de poche

Lorsqu'ils étaient bébés, vous étiez heureux de tout faire pour eux. Les jouets pour tout-petits sont gros et faciles à ranger. Par contre, lorsque les enfants sont d'âge scolaire, la plupart des parents aimeraient bien qu'ils participent à l'entretien de la maison.

Cette attente est tout à fait raisonnable. Selon le travailleur social et consultant Bob Fulton, aider profite autant à l'enfant qu'aux parents. «Si vous pouvez transmettre le message suivant: "Nous avons besoin de ta participation, tu es important, nous avons vraiment besoin de ton aide", cela signifiera beaucoup pour lui», affirme-t-il.

Selon Bob Fulton, des recherches exhaustives démontrent que lorsque les enfants ont des responsabilités à assumer à la maison, ils en retirent des bénéfices. «Lorsque les familles vivent des situations stressantes, les effets du stress sur l'enfant seront beaucoup moins importants s'il sent qu'il apporte une certaine contribution et qu'il aide de son mieux. Cela a vraiment un impact puissant.»

L'enfant à qui l'on a assigné des tâches domestiques qui sont à sa portée – même s'il ne s'agit que de mettre la table et de ranger les souliers – sent qu'on a besoin de lui. Il apporte sa contribution à la famille. Aussi, ajoute

31

Bob Fulton, un enfant qui nettoie sa chambre ou passe l'aspirateur dans l'entrée apprend à maîtriser son environnement.

«Même s'il ne peut pas encore faire beaucoup de choses, il apprend que grâce à ses propres efforts, il peut améliorer un peu la situation. Et sa participation peut aider à diminuer le stress de ses parents. Donc tout le monde en tire profit.»

Tandis que l'importance de faire participer les enfants aux tâches domestiques est facile à concevoir, obtenir leur participation est une tout autre histoire.

La fille aînée de Diane Veilleux, Corinne (sept ans), et son fils David (cinq ans) détestent ranger leurs jouets. «On dirait que ça se termine toujours par des cris et des pleurs, tous deux affirmant bien fort qu'il ne s'agit pas de leur désordre. Je finis par avoir mal à la tête et les jouets traînent toujours au même endroit.»

Parfois, surtout si votre enfant n'est pas d'une humeur coopérative, il peut sembler plus facile de faire le travail vous-même. Mais Bob Fulton affirme que vous ne devriez pas céder à la tentation. Il croit que le sens du devoir est essentiel. «Si vous dites: "Bon, je vais le faire moi-même", vous laissez entendre à votre enfant que sa contribution n'est pas vraiment nécessaire, explique-t-il. Vous devez être ferme.»

Bien des parents ont remarqué que les enfants contrariés finiront par accomplir leurs tâches si l'on invoque «la règle du conditionnel»: tu peux avoir X quand Y est fait. Cette stratégie est utile à la condition que vous puissiez vous permettre d'attendre un peu, et elle est plus agréable pour vous deux qu'une lutte de pouvoir. Le principe est simple: les gens qui assument leurs responsabilités sont récompensés. Tôt ou tard, l'enfant voudra regarder la télé, aller au parc ou qu'on lui lise une histoire. Répondez-lui gentiment: «Avec plaisir, dès que tu auras ramassé ces jouets.»

Diane a remarqué que ses enfants aiment mettre la table et laver la vaisselle. Depuis qu'elle leur a acheté un édredon, ils trouvent plus facile de faire leur lit et le feront avec un peu d'aide et d'encouragement.

Bob Fulton souligne qu'il est important que les enfants accomplissent des tâches en rapport avec leur âge et leurs capacités. «Quand nous avons eu un cochon d'Inde, il était entendu que les enfants nettoieraient la cage une fois par semaine, se souvient René Lavoie. Mais ils en étaient bien incapables! C'était un travail beaucoup plus salissant et difficile qu'on ne l'avait imaginé; un travail d'adulte. Les enfants ne pouvaient tout simplement pas le faire sans semer des copeaux de cèdre détrempés partout. Donc ils se sont occupés de nourrir le cochon d'Inde, et j'ai nettoyé la cage.»

Il est plus encourageant de travailler à plusieurs. Laver la vaisselle ou plier le linge avec maman ou papa est beaucoup plus amusant que de le faire seul. Plusieurs familles décident d'un «temps de travail» ensemble. Les samedis matins sont très populaires. Tout le monde participe au ménage et, ensuite, s'offre un petit quelque chose de spécial comme aller au restaurant ou faire une sortie.

Certaines familles préfèrent donner des choix aux enfants. «Nous avons une liste de tâches que les enfants peuvent faire, et ils choisissent parmi elles», explique Hélène Meilleur, mère de trois enfants. «Chaque mois, nous demandons si quelqu'un veut changer de tâche et si oui, nous en tenons compte. J'ai été surprise de leurs choix. Ils aiment surtout laver le plancher de la cuisine ou faire la lessive; moi qui croyais que ces tâches seraient trop difficiles pour mon jeune de huit ans.»

Les deux plus jeunes enfants d'Hélène doivent assumer chacun deux tâches par semaine. Ça peut être une petite tâche quotidienne, comme sortir les objets à recycler ou une tâche hebdomadaire plus importante. Son fils aîné, lui, (12 ans) doit en faire trois par semaine. «Mais il reçoit plus d'argent de poche», précise Hélène.

Ce qui soulève un autre problème avec lequel les parents doivent se débattre: les tâches devraient-elles être rémunérées ou liées d'une façon ou d'une autre à l'argent de poche?

Cette question n'est pas si simple. D'ailleurs, il existe autant de réponses qu'il existe de familles. La plupart des parents admettent que les enfants doivent apprendre à se servir de l'argent, mais beaucoup moins s'entendent sur la façon dont ce devrait être fait. Certaines familles dissocient complètement l'argent de poche des tâches familiales, tandis que d'autres croient que leurs enfants doivent être payés pour les travaux qu'ils font.

Suzanne Cantin, par exemple, pense qu'il est normal que les enfants reçoivent une part du revenu de la famille, uniquement parce qu'ils en font partie, et elle croit que l'aide apportée ne devrait pas être récompensée. «Je considère qu'il n'y a aucun lien entre les tâches qu'ils font et leur argent de poche. Si, pendant la semaine, ils n'ont fait aucune des tâches qui leur sont assignées, ils auront tout de même leur argent de poche, mais il y aura une autre conséquence.»

D'un autre côté, la famille Rougeau ne donne aucun argent de poche aux enfants. Sylvie Rougeau explique: «André et moi travaillons pour gagner notre argent. Nous pensons donc que les enfants doivent le faire, eux aussi.» Olivier, sept ans, et son frère aîné, Bernard, sont cependant rémunérés pour l'aide qu'ils donnent à leurs parents. Ce peut aussi bien être laver l'auto que faire la vaisselle. Mais ils doivent ranger leur chambre sans être payés en retour. «Je crois qu'il est important que les garçons comprennent le lien qui existe entre l'argent et le travail», explique Sylvie.

La famille Bonnici adopte une approche différente. Les parents donnent de l'argent de poche à chacun de leurs quatre enfants, parce qu'ils font partie de la famille. Les enfants ont aussi des tâches quotidiennes à accomplir (charger le lave-vaisselle, mettre la table, etc.) qui ne sont pas rémunérées. Cependant, la famille a établi aussi une liste d'autres tâches pour lesquelles les enfants peuvent être payés en retour.

Lorsque les enfants ont un «revenu», aussi minime soit-il, les parents devraient-ils exercer un contrôle sur son utilisation? Les pratiques familiales varient beaucoup: elles peuvent tout aussi bien être souples et laisser aux enfants la libre utilisation de leur argent ou être très rigides et stipuler qu'un certain pourcentage du revenu doit aller à l'épargne et aux œuvres de charité. Il n'est pas vraiment possible d'appliquer une telle règle dans le cas d'un enfant de six ans qui gagne tout juste de quoi s'acheter une sucrerie au dépanneur du coin, mais les parents pourraient encourager les plus âgés à épargner une partie de leur argent en prévision d'un achat plus important.

La façon dont votre famille aborde ces questions (jusqu'à quel point les enfants devraient-ils contribuer à l'entretien de la maison et devraient-ils être rémunérés ou recevoir de l'argent de poche), dépendra de vos valeurs personnelles, de votre situation financière et du temps dont vous disposez. Mais peu importe la façon dont vous organisez cet aspect de votre vie familiale, souvenez-vous que le fait d'apprendre à s'acquitter des tâches ménagères et à gérer son argent sera un avantage pour votre enfant. Un jour, lorsqu'il sera assez grand pour préparer un repas, peindre une clôture ou s'acheter une guitare, vous en profiterez vous aussi!

trucs & conseils

Mettre de l'ordre

Quelles sont les tâches que les parents aimeraient que leurs enfants fassent en particulier? Ramasser leurs affaires. Quelles sont les tâches que les enfants aiment le moins faire? Vous avez deviné. En fait, personne n'aime ça!

- Lorsque plusieurs personnes mettent la main à la pâte, le travail en est allégé. Vos enfants n'arriveront à faire un très grand rangement que si vous les aidez. Confronté à une chambre remplie de jouets éparpillés, un jeune de six ans peut se sentir complètement dépassé par la situation. Si l'on regarde le bon côté des choses, c'est l'occasion rêvée pour leur montrer comment s'y prendre avec ce genre de tâche. Plutôt que de vous dépêcher de tout ranger pendant qu'ils ne font rien, assignez-leur des petites tâches: «Voyons: Judith, toi tu replaces les livres sur l'étagère. Michaël, tu ramasses les legos. Moi, je vais m'occuper de ces vêtements et après, nous verrons ce qu'il reste à faire.»

- Une étape à la fois. Les gros travaux doivent être définis. Demander à un enfant de sept ans de nettoyer sa chambre est probablement une requête trop vague pour lui, et sa définition d'une chambre propre n'est sûrement pas la même que la vôtre. Le travail peut être morcelé en plusieurs petites étapes que les enfants peuvent faire (par exemple, mettre les vêtements sales dans le panier à lessive, placer les livres sur l'étagère, ranger les jouets dans le coffre à jouets).

- Évitez d'accumuler. Il peut être valable de réduire la quantité de jouets et d'en mettre de côté pour plus tard. Certaines familles consacrent, chaque jour, plusieurs petits instants au nettoyage: avant le dîner, après le souper et avant d'aller au lit, par exemple, afin de pouvoir maîtriser la situation.

- Une place pour chaque chose. Anne, la fille de huit ans de Marguerite Riendeau, parvient beaucoup mieux à entretenir sa chambre depuis que sa tante Marie l'a aidée à la réaménager. Elle a ajouté quelques étagères et bacs de rangement, et elle a abaissé la tringle de la garde-robe à la hauteur de la fillette afin de lui faciliter la tâche. Anne sait maintenant où ranger chaque chose.

Des plans d'épargne pour les enfants

Lorsque les enfants reçoivent de l'argent ou en gagnent, la question d'économie surgit.

Presque toutes les banques offrent des programmes spéciaux d'épargne pour enfants. La plupart n'exigent pas de frais mensuels et certaines, telles que la Banque Royale du Canada, déposent une petite somme (généralement 5,00 $) directement dans le compte de l'enfant à l'ouverture du compte d'épargne jeunesse Léo le Lion. L'enfant reçoit alors son propre carnet d'épargne et les parents peuvent demander une carte débit pour leur enfant, s'ils possèdent eux-mêmes un compte à cette même banque, ce qui lui permettra éventuellement de retirer de l'argent ou d'en déposer à partir d'un guichet automatique.

Ce compte de la Banque Royale en est un d'épargne, aucun chèque ne peut y être tiré. Le programme Superfric pour les 7 à 12 ans de la Banque nationale du Canada est, quant à lui, un compte duquel des chèques peuvent être tirés et il offre plusieurs options selon les besoins de l'enfant.

D'autres, comme les Caisses Populaires Desjardins,

sont présentes dans les écoles avec la Caisse scolaire Desjardins. Ce programme s'adresse aux 6 à 11 ans et a pour but de les familiariser avec l'épargne et la valeur de l'argent. Les dépôts se font directement à l'école.

N'hésitez pas à demander de l'information à la succursale bancaire avec laquelle vous faites affaire, on se fera un plaisir de vous renseigner sur les différents programmes disponibles.

À la table des négociations
traiter avec les enfants

«**P**ourquoi faut-il que j'aille au lit si je ne suis pas fatigué? Je devrais pouvoir rester debout aussi tard que je le veux!» «Je veux une souris blanche! De toute façon, je peux l'acheter tout seul; j'ai assez d'argent! Vous aurez seulement à acheter la cage, la nourriture et ce genre de choses!» «Je ne me laverai pas les cheveux! Ils sont propres!»

Ce sont là des situations plutôt difficiles à traiter. Bien des parents seront tentés d'y réagir par un «non» catégorique et il est évident que le «non parental» a sa place. Mais, lorsque les enfants grandissent, il est sage de permettre la négociation créative et même de l'encourager comme moyen de résolution de conflits entre les membres de la famille.

«Dans ma famille, se souvient l'artiste Carol Wood, mes parents étaient comme un arbitre au baseball. Une balle manquée était une balle manquée et vous étiez immédiatement hors jeu. Peu importe si la vidéo montrait que vous aviez bien joué, il n'était pas question d'argumenter, la décision était irrévocable. C'était tellement frustrant!»

Carol Wood a tenté d'être plus flexible avec Zoë, sa fille de sept ans. «Si nous voulons encourager la coopération et le franc-jeu, nous devons faire notre part en tant que parents. Il n'est pas juste que les enfants ne puissent rien dire, et ils le savent. Et même s'il faut du temps pour négocier, cela en vaut la peine. Selon moi, plus Zoë sent qu'elle a participé à la prise de décision, plus elle est disposée à s'en accommoder.»

Danielle Laporte, psychologue clinicienne et co-auteure de l'ouvrage *Du côté des enfants, volume II*, recommande de «tenir un conseil de famille lorsqu'il y a trop d'électricité dans l'air (chacun y expose ses griefs, propose sa solution, tout le monde accepte d'essayer une stratégie de changement)». Dans leur ouvrage *Les besoins et les défis des enfants de 6 à 12 ans*, les auteurs soulignent en outre l'importance, pour l'enfant, de «proposer des solutions aux conflits et à la mésentente familiale, ainsi que celle d'élaborer des ententes réciproques basées sur le consentement mutuel».

Carol Wood est d'avis que la négociation avec les enfants peut mener à une meilleure coopération: «Quand des êtres humains, enfants ou adultes, sont contrôlés et dominés, ils le combattront de différentes façons. Les enfants pourront lutter en oubliant, en discutant ou seulement en ignorant les règles. Mais si, dès le départ, ils sont d'accord avec une règle, ils ressentent moins le besoin de la transgresser.»

Par contre, Carol Wood s'empresse d'ajouter que tout n'est pas négociable: «Ce qui touche la santé et la sécurité, comme le port de la ceinture de sécurité en auto, n'est pas négociable. Il en va de même pour la violence. Zoë n'a pas la permission de frapper son petit frère Keegan, par exemple, et c'est définitif. J'ai des règles bien précises en ce qui concerne l'alimentation et la télé, mais chacun établit les siennes comme il l'entend.»

Comment négocier avec nos enfants? Premièrement, clarifions nos attentes. Les négociations entre adversaires, dans lesquelles chaque participant tente de gagner sans se soucier des intérêts des autres, ne favorisent pas beaucoup l'harmonie familiale. Nous entendons par négociations une coopération au processus de résolution d'un problème en vue de trouver une solution gagnante: une solution qui répond aux besoins de tous et qui est acceptée par tous les participants concernés.

Voici comment Carol Wood et Zoë sont parvenues à s'entendre sur la fête d'anniversaire de la fillette. «Je déteste ces fêtes, lance franchement Carol. Et j'en suis venue à les haïr parce que Zoë gâche toujours tout avec ses copines. Elle pleure quand quelqu'un crève un ballon, ou lorsqu'elle trouve que les choses ne se déroulent pas comme elle le voudrait, de sorte qu'elle accapare toute mon attention. Donc, cette année, je me suis assise avec elle et j'ai mis les choses au clair. Je lui ai expliqué pourquoi je trouvais les fêtes si stressantes et je lui ai dit: "Je sais que tu veux te sentir spéciale le jour de ton anniversaire, mais pendant la fête, nous sommes toutes les deux les hôtesses, et j'ai besoin de t'avoir de mon côté, que tu aides les enfants à s'amuser."»

Carol Wood a aussi offert d'autres choix à sa fille: inviter quelques amies seulement ou passer toute la journée en famille à faire des choses spéciales, mais Zoë tenait à avoir beaucoup de monde autour d'elle. «Nous avons fait la liste de tout ce que je voulais qu'elle fasse pour m'aider, et elle l'a acceptée en bloc. J'ai aussi insisté sur le fait que si la fête tournait mal, il n'y en aurait pas l'an prochain.» Carol Wood a eu quelques inquiétudes au sujet de l'entente: «C'était difficile pour elle; il y avait beaucoup en jeu.»

Mais Zoë s'en est très bien sortie et elles ont déclaré, sa mère et elle, que la fête avait été un véritable succès.

La négociation est un processus d'apprentissage aussi bien pour les parents que pour les enfants. Elle peut être simple, comme lorsqu'il s'agit d'offrir un choix à un tout-petit; ou plus compliquée, comme lorsque vous êtes aux prises avec les problèmes complexes de votre adolescent. Voici certains conseils pour vous permettre de progresser:

Précisez ce que vous êtes prêt à négocier. Si vous avez déjà arrêté une heure pour le coucher, c'est frustrant et injuste d'amener une discussion sur l'heure à laquelle il devrait se faire. Cependant, il vaut certainement la peine de faire participer les enfants à la prise de décision concernant le rituel de ce moment particulier de la journée.

Les gens sont parfois méfiants lorsqu'il s'agit de négocier avec les jeunes. Ils craignent le harcèlement constant des enfants qui croient, comme Carol Wood le souligne, que «non ne veut jamais vraiment dire non». Elle fait bien comprendre à Zoë que, dans certains cas, la décision finale appartient aux parents. «Je vais tenir compte de ce que tu m'as dit, mais quelle que soit ma réponse, elle sera définitive.»

Nous faisons tous des erreurs de jugement, bien entendu, et il est important d'être prêt à les reconnaître. «L'autre jour, Zoë a mis son costume de gymnastique pour aller à l'école, se souvient Carol Wood, et ma première réaction a été de dire: "Tu ne sortiras pas comme ça." "Pourquoi?" m'a-t-elle demandé. Et je n'ai pas su trouver de réponse valable.» Selon Carol Wood, il n'y a pas trente-six façons d'éviter des discussions à n'en plus finir: «Si vous êtes prêt à capituler, faites-le vite!»

Un enfant qui peut négocier honnêtement et résoudre les problèmes avec créativité sera en mesure d'avoir d'excellents rapports interpersonnels dans la vie, ce qui lui sera très utile. Vous élevez un enfant qui sera capable de demander une augmentation de salaire, de répartir les tâches ménagères entre son colocataire et lui et de résoudre les conflits avec un futur conjoint. Il apprend qu'il peut défendre ses propres intérêts tout en respectant les autres et que des gens qui ne sont pas du même avis peuvent tout de même s'entraider et travailler ensemble. Ces petits avocats haut comme trois pommes avec qui nous vivons peuvent à l'occasion nous faire sourire, mais tournez-vous vers l'avenir: ces jeunes seront extraordinaires.

trucs & conseils

Étapes pour négocier un arrangement

Stanley Shapiro, directeur du Parenting Education Center of Ontario, suggère les étapes suivantes pour résoudre les conflits à l'intérieur de la famille. Bien entendu, vous devrez simplifier le processus pour les plus jeunes, mais ils peuvent suivre les principes de base: exposer le problème, penser à des solutions possibles, trouver une solution qui convienne à tous.

- Commencez par donner une définition du problème sur laquelle tout le monde s'entend.
- Énoncez toutes les solutions qui vous viennent à l'esprit. Encouragez tout le monde à participer et inscrivez toutes les idées sans faire de remarques.
- Notez les idées qui conviennent à tous. Essayez de ne pas débattre des idées qui ne sont pas retenues.
- Détaillez la façon dont ces idées pourraient se réaliser: qui, quand, où, comment. Vous pouvez choisir une seule idée ou en combiner plusieurs.
- Mettez la solution par écrit et affichez-la au babillard ou sur le frigo.

Déterminez un moment où vous pourrez tous vous réunir afin de discuter de la façon dont la solution choisie sera appliquée. S'il n'y a pas entière satisfaction, vous devrez peut-être y apporter des changements ou recommencer le processus.

«C'est pas juste!»
la justice entre frères et sœurs

Ça n'a pas commencé avec la crème glacée, mais avec le bol. Jérôme, un garçon de sept ans, ayant terminé son repas, avait demandé du dessert. Ariel, sa sœur de six ans, qui était loin d'avoir fini, l'avait alors regardé d'un air rancunier.

«C'est pas juste! avait-elle lancé. Jérôme a un nouveau bol!» Lorsqu'elle eut sa part de dessert, elle se plaignit de nouveau: «Jérôme en a eu plus que moi!» (Leur mère, Corinne Ladouceur, est sûre qu'ils ont eu exactement la même quantité de crème glacée.)

«C'est pas juste!» Les parents peuvent s'attendre à entendre cette expression bien des fois pendant la croissance de leurs enfants, peu importe les efforts qu'ils font pour les traiter de façon équitable. Selon Lynda Lougheed (d'Information Children à Vancouver), il est possible d'aller trop loin en essayant d'être juste; ce qui, finalement, génère encore plus de rivalité.

«En fait, les choses ne sont pas toujours justes, explique-t-elle. Bien sûr, nous voulons être juste dans les limites du raisonnable – un favoritisme évident envers un enfant serait très blessant. Mais plutôt que d'essayer de traiter tous nos enfants de la même façon, il vaut mieux traiter chacun d'eux comme quelqu'un de particulier et d'unique.»

Si, par exemple, vous tentez d'éviter la remarque «C'est pas juste!» en achetant deux (ou trois, ou quatre) objets identiques, vous courez le risque de ne pas subvenir aux besoins individuels de chaque enfant. C'est comme si vous décidiez que, puisque votre premier enfant buvait toutes les deux heures, vous deuxième enfant sera nourri de la même façon. Or cet horaire ne conviendra peut-être pas à votre petit dernier.

Si Josée a trop grandi pour porter son manteau d'hiver cette année et que Sylvain peut encore porter le sien, qui est en parfaite condition, irez-vous acheter un manteau à chacun d'eux? Ou vous attarderez-vous aux besoins de chacun? Josée a besoin d'un nouveau manteau, soit. Sylvain, non. (Il peut cependant avoir besoin de bottes.) Des problèmes semblables surviennent lors des anniversaires. Achetez-vous un cadeau à l'enfant dont ce n'est pas l'anniversaire, afin qu'il ne se sente pas tenu à l'écart? Lynda Lougheed a l'impression que l'approche «chacun a la même chose» encourage les enfants à comparer plutôt qu'à s'attarder à ce dont ils ont besoin.

Corinne Ladouceur tente de répondre aux besoins individuels de ses enfants. Elle répond ainsi aux crises d'Ariel en l'aidant à exprimer ses besoins. «Je lui ai dit qu'elle devait me demander ce qu'elle voulait plutôt que de se plaindre de ce que son frère avait.»

Par exemple, lorsque Ariel s'est plainte parce que Jérôme avait un nouveau bol, Corinne lui a demandé: «Veux-tu avoir un nouveau bol, toi aussi?» Lorsqu'elle s'est plainte parce que son frère avait plus de crème glacée qu'elle, Corinne a suggéré: «Si tu as encore faim lorsque tu auras tout mangé, tu pourras en demander encore.» Ariel a versé quelques larmes, mais elle a été capable de dire à sa mère ce qu'elle voulait: un nouveau bol et un petit peu plus de crème glacée.

D'autres «problèmes d'équité» peuvent nécessiter des négociations. Entre six ans et huit ans, les enfants développent une très forte conscience des règles; ce qui fournit une bonne occasion de les laisser résoudre leurs propres problèmes. «Les parents ont tendance à intervenir et à résoudre les problèmes de leurs enfants, remarque Lynda Lougheed. Mais si vous agissez toujours de la sorte, vous ne leur laissez pas la possibilité d'apprendre à résoudre des problèmes. Au lieu de leur imposer des règles et de leur dire quoi faire, encouragez-les à trouver leurs propres solutions – et ils trouveront quelque chose qui leur semblera juste.»

Lors des sorties en voiture, les enfants de Corinne se battaient toujours pour savoir qui allait s'asseoir derrière maman. Lorsqu'elle a insisté pour qu'ils trouvent une solution à ce problème, ils ont rapidement décidé que l'un deux s'assoirait derrière elle à l'aller et l'autre, au retour. Tous deux avaient l'impression que c'était juste, et il n'y a plus eu de discussion à cet effet.

Cependant, même les négociations les plus soignées et les meilleures planifications n'éliminent pas toutes les plaintes au sujet d'injustices, et les conflits qui en découlent peuvent être difficiles pour les parents. Corinne remarque: «Les jeunes enfants ne peuvent pas apprendre cela en une seule journée. Vous devez vous attendre à entendre: "Ce n'est pas juste!" encore et encore jusqu'à ce qu'ils aient trouvé comment demander correctement ce qu'ils veulent ou comment résoudre un problème avec un autre enfant.»

Lynda Lougheed ajoute: «Lorsque nous questionnons des parents dans le cadre de nos recherches et que nous leur demandons ce qu'ils aiment le moins dans le rôle de parent, une réponse ressort toujours plus que les autres: "La rivalité entre frères et sœurs." Et c'est ce que sont, la plupart du temps, les "Ce n'est pas juste!"»

Pour atténuer ce genre de rivalité, attardez-vous à

l'individualité de chaque enfant. Évitez de faire des comparaisons, et si un enfant déclare: «Ce n'est pas juste!», tentez de découvrir le besoin sous-jacent qui est exprimé. A-t-il faim? A-t-il l'impression d'être tenu à l'é-cart? Ou a-t-il seulement besoin d'être rassuré et de sa-voir que vous l'aimez toujours et qu'il est important à vos yeux? Plutôt que d'argumenter pour savoir si Jérôme a eu ou n'a pas eu plus de nouveaux habits ou plus de câlins, ramenez la conversation sur le cas indivi-duel de votre enfant: «Tu dois parfois en avoir assez de porter les vêtements de ta sœur», ou «As-tu besoin d'un peu d'affection? Viens sur mes genoux je vais te faire un gros câlin!»

«Maman t'a toujours mieux aimé que moi!»: faire face à votre favoritisme

Nous voulons tous aimer nos enfants avec équité mais, en fait, certains enfants (ou différents enfants, à diffé-rents âges) peuvent être plus «faciles» à aimer que d'au-tres. Peut-être partagez-vous davantage d'affinités et d'intérêts avec votre fille studieuse et calme, qu'avec votre fils, actif et exubérant. Peut-être que votre pré-adolescent complaisant et calme est plus agréable à cô-toyer ces jours-ci que votre adolescent bougon. Que pouvez-vous faire?

Tout d'abord, suggère Nancy Samalin, accepter qu'il est normal d'avoir plus d'affinités avec un enfant qu'avec un autre. «Il n'y a rien de mal à ressentir cela, dit-elle. Le danger, c'est d'agir selon ce que nous ressen-tons.»

Chaque enfant a besoin d'une relation positive avec ses parents. Parfois, il faut plus qu'un effort pour établir cette relation étroite avec un enfant, mais le résultat en vaut la peine pour vous deux. Cherchez des façons d'apprécier, de comprendre et d'aimer votre enfant qui, par certains côtés, vous semble bien compliqué. Qu'aimez-vous faire ensemble? Quelles sont les qualités et les caractéristiques que vous admirez chez lui? Comment pouvez-vous lui faire comprendre, par des gestes autant que par des mots, que vous l'aimez profondément, même lorsque vous avez de la difficulté à vous entendre?

lectures

Lecture recommandée

- Robert Bélanger, *La jalousie entre frères et sœurs*, Montréal, Robert Bélanger, 1990.

«Interdit d'entrer!»
le besoin d'intimité

«Interdit d'entrer!» Ce message vous est bel et bien destiné. Cette note manuscrite, collée sur la porte close de la chambre, est surprenante, venant d'un enfant qui, pas plus tard que l'an dernier, demandait à ce qu'on l'accompagne pour aller aux toilettes à l'étage. Si l'orthographe semble hésitante, le message ne l'est pas, lui. C'est une déclaration de territoire privé.

Votre première réaction peut être d'entrer sans tenir compte du message. «Je suis ta mère, tout de même. Pendant des années, j'ai dormi en laissant la porte de ma chambre ouverte afin de t'entendre si tu te réveillais. Et maintenant, tu m'interdis d'entrer!»

Mais, pensez-y bien. Si votre enfant manifeste ce genre de comportement, c'est signe qu'il grandit; vous feriez mieux de frapper avant d'entrer. Dans son livre *Introduction à la psychologie de l'enfant* (Presses universitaires de France, 1976) Paul Osterrieth souligne le besoin naissant d'intimité comme faisant partie du développement de l'enfant: «À sept ans, on a des secrets qui ne regardent personne... on a besoin de s'isoler, de se réfugier même: le grenier silencieux, le fond du jardin, l'arbre où l'adulte ne peut vous atteindre, deviennent des lieux inspirés de cette intériorité nouvelle, de cet approfondissement.»

Si cet engouement soudain pour ses biens («Ne

touche surtout pas mes cartes de hockey, elles sont à moi!») vous rappelle le temps où il était petit, cette nouvelle tendance à rester seul dans sa chambre à écouter la radio peut vous sembler être un comportement d'adolescent – ce qui est déroutant. La comparaison est assez juste. Comme l'explique Osterrieth, «il n'est pas rare en effet de trouver l'enfant de sept ans musant ou rêvassant, s'absorbant en lui-même avec une teinte de mélancolie qui semble préfigurer l'adolescence. Une timidité nouvelle fait son apparition, qui n'est plus crainte des étrangers comme autrefois mais besoin de se défendre, de défendre son intimité psychique contre les incursions d'autrui qui probablement la trouverait puérile et s'en moquerait.»

Malheureusement à cet âge, l'intimité que réclament les enfants ne peut pas toujours être respectée, parce qu'ils peuvent être encore trop jeunes pour l'assumer. Cela rend parfois la tâche difficile aux parents: vous voulez respecter l'intimité de Thomas quand il prend son bain et veut rester seul, mais vous savez très bien que si vous le faites, le savon restera dans le savonnier.

Les enfants mûrissent à des rythmes différents, et l'âge en soi ne nous dit pas le degré d'intimité qu'un enfant peut soutenir. Chaque enfant est différent. Accordez progressivement des périodes d'intimité à votre enfant, d'après sa capacité à assumer les responsabilités et celle de tenir parole. Vous pouvez lui dire: «Je veux te laisser l'intimité que tu réclames, mais commençons petit à petit, et montre-moi que tu peux prendre la situation en main.»

Des erreurs seront commises, c'est inévitable. Lorsque le fils de sept ans de Josée Moisan est allé jouer au sous-sol avec un de ses amis, en fanfare et s'entourant de mystère («Personne ne vient ici! On travaille à un projet spécial!»), Josée n'y accorda que peu d'attention. «Ils avaient déjà joué au sous-sol, construisant des maisons avec des boîtes en carton pour y lire des bandes dessinées. Mais lorsque je suis descendue faire la lessive après le dîner, j'ai découvert un énorme désordre et une rangée de bocaux remplis de liquides douteux. Benoît disait que c'était son laboratoire et que les bocaux contenaient des potions. Il a admis que son copain et lui n'avaient pas seulement pris des ingrédients dans la cuisine et dans la salle de lavage pour concocter leurs potions, mais qu'ils étaient aussi allés dans l'atelier (ce qui est formellement interdit) et s'étaient servis de différents produits: peinture, solvants, etc.»

Josée réagit ainsi: «Tout d'abord, si des dégâts ont été faits, les enfants devraient en assumer les conséquences nécessaires pour les réparer.» Dans ce cas, Benoît et ses amis ont eu un gros travail de nettoyage à faire après que Josée se soit débarrassée des «potions». «Ensuite, il faut revoir le degré d'intimité ou de liberté qu'elle pouvait accorder à son enfant: "Cela me prouve que l'on ne peut pas t'accorder autant d'intimité que nous le pensions. Jusqu'à nouvel ordre, nous devrons te surveiller de plus près."» Josée dit à Benoît que, pendant un certain temps, il ne lui serait pas permis de jouer au sous-sol sans surveillance. Elle lui a aussi fait remarquer qu'elle serait prête à respecter son désir d'intimité avec ses amis lorsqu'il lui aurait montré qu'il tenait compte des règles de sécurité et qu'il respectait les biens d'autrui, même lorsqu'elle n'était pas là pour le lui rappeler.

Votre enfant a maintenant aussi besoin d'un peu d'«espace intérieur». Vous vous rendez peut-être compte que votre enfant ne veut pas nécessairement tout vous dire comme avant. Vous ne pouvez pas l'obliger à vous confier ses tracas, mais vous pouvez apprendre comment l'amener à vous faire des confidences. «Les enfants doivent savoir qu'ils peuvent nous raconter aussi bien leurs mauvais coups que ce qui va bien, disent plusieurs spécialistes. S'ils ont l'habitude d'avoir une écoute équitable et non un renvoi systématique, ils seront davantage portés à venir nous voir lorsqu'ils ont besoin d'aide.»

«Il m'arrive parfois d'entendre Benoît se parler à lui-même dans son lit, avant de dormir, raconte Josée. Je ne sais pas ce qu'il raconte, mais c'est visiblement une sorte d'histoire, avec des dialogues et des effets sonores. Si je vais lui dire bonsoir ou ranger quelque chose dans sa chambre, il s'arrête systématiquement.»

«C'est tellement tentant de l'espionner, admet-elle. Il est tellement mignon! Mais je sais que je ne peux pas le faire. C'est son propre monde fantaisiste et je dois le respecter.»

«Arrête de me regarder!»
Les frères, les sœurs et l'intimité

Il existe souvent de grands conflits entre les frères et les sœurs au sujet de l'intimité, surtout lorsque l'un d'eux est encore trop jeune pour comprendre ce besoin d'être seul. «Pourquoi ne veut-elle pas que je la regarde jouer aux poupées?» demande en sanglotant votre enfant de quatre ans. Et même si vous comprenez la nouvelle prise de conscience de votre fille, vous aurez mal pour le petit frère qui est rejeté. Certaines familles décident que les jeux qui demandent de l'intimité se jouent dans une pièce fermée (afin d'éviter que le petit frère ne soit repoussé hors du salon!); c'est très bien, tant que les enfants ont chacun leur chambre.

Partager une chambre devient une véritable gageure à cet âge. Plusieurs d'entre nous se souviendront autant des lignes imaginaires tracées entre les lits que des railleries et des escarmouches qui en découlaient. Les parents peuvent aider leur enfant en lui allouant un endroit inviolable pour ranger ses objets personnels, peut-être une étagère hors d'atteinte des plus petits, ou une boîte qui ferme à clé. Et les parents pourraient peut-être accepter de prêter leur chambre de temps à autre, lorsqu'un endroit privé est requis pour jouer.

Finalement, si c'est la règle chez vous de laisser les portes de la salle de bains et des chambres ouvertes, soyez prêt à soutenir l'enfant qui commence à vouloir les fermer. De nouveau, des explications données avec tact peuvent être nécessaires pour les plus jeunes: «Quand ton frère ferme la porte, ça veut dire que tu ne peux pas entrer tant qu'il n'a pas terminé.»

Au-delà des cigognes
et des choux

parlons sexualité

« Pourquoi les grands riaient-ils quand Spock est monté sur l'autre chien?» «Quand j'ai joué au docteur avec David, il m'a dit que je devais embrasser son pénis pour qu'il aille mieux. Est-ce que c'est bien?» «Je sais comment les bébés sortent du ventre de leur maman, mais comment ils font pour y entrer?»

Vous avez peut-être déjà eu à répondre à une de ces questions enfantines. Si vous avez été capable de le faire sans rougir, sans hésiter, sans soupirer fortement, bravo!

La plupart d'entre nous, par contre, ne sont pas aussi à l'aise qu'ils aimeraient l'être quand vient le temps de parler sexualité. Nous voulons éduquer nos enfants en matière de sexualité, mais ne savons pas trop comment nous y prendre. Nous ne sommes pas d'accord avec les méthodes utilisées lorsque nous étions jeunes ou craignons d'en dire trop, trop tôt. Nous ne voulons certes pas encourager des expériences prématurées. Ou peut-être avons-nous peur de donner une fausse information (certaines des questions les plus simples semblent nécessiter des réponses scientifiques des plus complexes!) ou sommes-nous incapables de décider si nous allons transmettre à nos enfants nos connaissances sur la sexualité en termes de la rue ou en termes scientifiques (ce qui leur vaudrait de bonnes notes en biologie, plus tard). De toute façon, pourquoi les jeunes enfants posent-ils autant de questions sur la sexualité? Cela ne pourrait-il pas attendre la fin de leur secondaire?

La réponse est non. Dans le livre *Au bonheur des enfants*, (Collection Enfants Québec, Les éditions Héritage, 1996), Sylvie Louis explique que pour Diane Chayez, thérapeute spécialisée dans les traitements après abus sexuel: «L'éducation à la protection sexuelle doit faire partie du bagage dont on équipe l'enfant pour qu'il prenne soin de lui, au même titre qu'on lui apprend à regarder avant de traverser la rue...»

Il n'est manifestement plus suffisant (si cela l'a déjà été) d'attendre que votre enfant soit à l'âge de la puberté pour lui donner une explication embrouillée de ce qu'est la sexualité, dans laquelle il est question de cigognes et de choux. Expliquer d'où viennent les enfants fait partie de l'éducation sexuelle de votre enfant, mais il y a beaucoup plus que ça!

Jocelyne Robert, sexologue et éducatrice, croit aussi qu'il est de notre devoir de «faire acte de prévention très tôt, en saisissant les situations propices à l'information sexuelle». Dans son article intitulé «Touche-moi pas» (*Le Magazine Enfants Québec*, janvier 1999), l'auteure rappelle une bien triste réalité: «Aucun enfant n'est totalement à l'abri des prédateurs sexuels... Pour être apte à se défendre, il doit avoir des informations claires et franches sur la nature de la sexualité, l'anatomie comparée des sexes, la confection des bébés, mais aussi et surtout sur le plaisir et le désir liés à l'acte sexuel, de manière à saisir que des adultes peuvent avoir des désirs sains ou... déviants.»

La sexualité n'est pas qu'une histoire de pénis et de vagin qui se rencontrent. Elle implique des valeurs morales, de l'estime de soi, des décisions responsables à prendre. Les enfants ne doivent pas seulement savoir comment les choses se passent, mais pourquoi. Ils ont besoin d'être rassurés et de savoir que les changements physiques et émotifs qui surviennent dans leur vie lorsqu'ils grandissent sont normaux et sains.

Presque tous les livres d'éducation sexuelle contemporains sur le marché recommandent fortement aux parents de devenir les principaux éducateurs sexuels de leurs enfants. Les enfants qui reçoivent de leurs parents des réponses directes, claires, rassurantes à leurs questions sur la sexualité retourneront les voir au sujet de la moralité et pour obtenir de l'information supplémentaire. Demandez-vous: Qui d'autre que moi peut bien répondre à leurs questions? Cela pourrait bien vous fournir l'énergie dont vous avez besoin pour mettre à jour vos réponses sur la sexualité!

Dans le chapitre intitulé *Comment parler d'abus sexuels aux enfants*, (*Au bonheur des enfants*, Collection Enfants Québec, Les éditions Héritage, 1996), Sylvie Louis relate que, pour Jocelyne Robert, éducatrice et sexologue, tout est question de langage. «Les abus sexuels commis par une personne de l'entourage auraient beaucoup moins de risques de durer des mois, voire des années, si le jeune était convaincu que tout peut être dit dans sa famille.» La sexologue ajoute qu'il est toutefois important d'éduquer positivement l'enfant en abordant la santé sexuelle avant les problèmes sexuels, «tout comme on parle de santé avant de parler de maladie, de réussite avant de parler d'échec.»

Tout cela peut sembler un peu trop compliqué pour un jeune de six ans, mais souvenez-vous que vous n'avez pas besoin de tout faire en une seule fois. Des conversations courtes et fréquentes sont plus efficaces qu'une leçon précise et conviennent beaucoup mieux à la façon dont un jeune apprend, de toute manière.

Certains parents peuvent être tentés de mettre uniquement l'accent sur l'information essentielle nécessaire pour protéger l'enfant d'une agression sexuelle, mais cette approche est-elle vraiment saine? Denise

Gaulin, éducatrice en sexualité et infirmière en santé publique chez Leeds, Grenville et Lanark en Ontario (service de la santé du district), et une des fondatrices du programme *Care for Kids Early-childhood Sexuality-Education*, ne le pense pas: «Je crois fermement que le premier message que l'enfant reçoit sur la sexualité ne devrait pas être relié à un contexte d'agression, dit-elle. Voulons-nous vraiment que nos enfants en connaissent les mauvais côtés avant d'en connaître les bons?» Les bibliothèques et les services communautaires offrent beaucoup de documentation sur le sujet, le plus souvent écrite et illustrée d'une façon que les parents et les enfants apprécient. Bien des parents, qui ne sont pas prêts à affronter quelque chose de trop détaillé, se servent de bandes dessinées pour «briser la glace».

Les parents doivent garder les oreilles et les yeux grands ouverts, pour être à l'affût de toutes les occasions d'inculquer à leurs enfants des attitudes saines envers la sexualité. Cela veut dire de considérer la curiosité de l'enfant au sujet de l'anatomie et de ce qui a trait à la sexualité comme faisant partie d'un développement sain et normal, et de les aider à se sentir bien face à cet aspect de leur identité, sans qu'ils se sentent coupables ou gênés. Cela implique aussi de répondre à leurs questions du mieux que vous le pouvez à l'aide de dessins dans les livres, de vidéos et d'autres ressources lorsqu'elles sont appropriées. C'est à vous de leur parler de sexe pour éviter d'en faire un sujet tabou.

lectures

Livres à partager, pour les parents et les enfants

- Jocelyne Robert, *Ma sexualité de 6 à 9 ans*, Montréal, Éditions de l'Homme, 1986. Un livre qui s'adresse directement à l'enfant et qui veut l'éveiller aux diverses facettes qui composent sa réalité sexuée et sexuelle.

- *Dis-moi, d'où viennent les bébés?*, Saint-Lambert, Les éditions Héritage, 1997. Ce livre illustré explique clairement comment un bébé est conçu, grandit et vient au monde.

Que devraient-ils savoir?

Dans son livre intitulé *Ma sexualité, de 6 à 9 ans* (Les Éditions de l'Homme, 1986), Jocelyne Robert précise que sexualité et éducation sexuelle doivent prendre un sens très large qui va bien au-delà des dimensions génitale et reproductrice où on les confine trop souvent. Pour l'enfant, la sexualité doit donc rejoindre et englober les volets affectif, psychologique et culturel selon lesquels chacun se perçoit et agit comme garçon ou fille. Les thèmes abordés dans son livre rejoignent différents aspects de la sexualité:

- unité corps/esprit
- anatomie
- besoins affectifs
- sexualité de reproduction
- sollicitation sexuelle et responsabilité

Malheureusement, nos enfants doivent aussi connaître certaines choses sur l'agression sexuelle contre des enfants. Il existe au Québec un regroupement d'organismes qui travaillent à la promotion et à la prévention de la violence faite aux enfants. Il s'agit du programme *Espace* qui, grâce à un ensemble d'activités éducatives, vise à prévenir toutes formes d'abus commis envers les enfants. On peut joindre le Regroupement des Organismes Espace du Québec au

(819) 751-1436, courriel: roeq@roeq.qc.ca ou visiter leur site web au www.roeq.qc.ca

Mieux vaut prévenir...

Plusieurs ressources telles que livres et sites web peuvent aussi aider à la prévention des abus sexuels:

- Carol Cope Soret, *Attention parents! éveillez vos enfants aux dangers qui pourraient les menacer*, Montréal, Éditions de l'Homme, 1998.
- Marie-France Botte et Pascal Lemaître, *Qui s'y frotte s'y pique: ou comment Lili a appris à dire non*, Paris, L'Archipel/ Unicef, 1997.
- Centre national d'information sur la violence dans la famille: www.phac-aspc.gc.ca/ncfv-cnivf/violencefamiliale
- Jocelyne Robert, *Te laisse pas faire!*, Montréal, Éditions de l'Homme, 2000.

Prendre son envol
votre enfant dans le monde

Vous souvenez-vous du temps où vous étiez le maître incontesté chez vous? Vous avez probablement remarqué que ce temps était révolu et que, maintenant, vos décisions pouvaient être discutées: «Mais, M. Johnson dit...» ou encore «Chez Marc, ils ne font jamais ça». En plus de découvrir un monde immense hors de chez lui, votre enfant apprend qu'il existe autre chose et des points de vue différents.

Ce moment dans la vie de votre enfant est passionnant bien que parfois rempli de défis. Les amis sont de plus en plus présents. C'est une période pendant laquelle plusieurs aptitudes sociales se développent: apprendre à travailler ensemble, à rester tout de même amis même si on n'est pas du même avis, à être tolérant et à comprendre les différences.

Les enfants n'évoluent pas tous au même rythme

dans le grand monde. Tandis que Claire s'enthousiasme pour tout – l'école, son équipe de soccer, aller chez ses amis –, son cousin Samuel, plus timide, trouve les longues journées d'école accablantes, refuse de participer aux activités et insiste pour que ses amis viennent jouer chez lui plutôt que d'aller chez eux. Le père de Claire craint que sa fille ne soit trop extravertie, tandis que la mère de Samuel craint que son fils ne soit trop solitaire. Lorsque des enfants développent des façons d'être qui sortent des sentiers battus, même s'ils semblent heureux, leurs parents ont tendance à se demander s'ils sont bien équilibrés. La plupart du temps, par contre, les jeunes comme Claire et Samuel explorent tout simplement le monde à leur propre rythme et d'une façon qui convient à leur personnalité. Et entre nous, qui voudrait qu'il en soit autrement?

«Je suis capable tout seul!»
encourager l'indépendance

Ginette Messier a vécu une expérience qui fut une véritable révélation. Elle avait toujours détesté la fin des cours de natation, alors qu'elle devait se précipiter à la piscine pour aller chercher son fils Luc et son ami Colin (tous deux âgés de sept ans), les sécher, les vêtir, lacer leurs souliers et les amener jusqu'à la voiture. Elle s'occupait d'abord de Luc, puis de son ami. Un jour, au vestiaire, elle a remarqué une mère de famille qui accompagnait quatre enfants qui n'avaient pas six ans.

«Elle s'en occupait mieux que moi qui n'en avait que deux!» reconnaît Ginette. Les enfants se douchaient, se séchaient et s'habillaient seuls, les plus vieux aidant les plus jeunes. Leur mère s'occupait du bébé et, lorsqu'il était prêt, elle attendait patiemment que les grands aient terminé.

«Je me suis alors rendu compte que, lorsque je trouvais que mes enfants ne faisaient pas les choses assez vite ou comme je le voulais, je me précipitais pour les aider, admet Ginette. Mais les enfants vont à leur propre rythme. J'en suis au moins consciente, maintenant, bien que je lutte toujours contre cette envie d'accourir et d'agir à leur place.»

Selon Linda Tetreault, enseignante (Social Services Workers program, Sheridan College), permettre aux enfants de développer leur indépendance, de faire des choses pour eux-mêmes, est une partie importante du rôle des parents.

«Nous devons encourager l'indépendance chez les enfants parce que ça les aide à grandir et à devenir des adultes forts qui auront moins tendance à jouer le rôle de victimes», explique-t-elle.

Il y a deux aspects à l'indépendance qui sont étroitement liés l'un à l'autre: faire des choix et prendre des responsabilités. Selon Linda Tetreault, dès que l'enfant est capable de communiquer, il devrait avoir à faire des choix. Certaines choses, bien entendu, ne sont pas négociables, mais bien souvent l'enfant peut choisir – par exemple, s'il veut lire dans son lit avant de dormir ou s'il préfère avoir une veilleuse, même si l'heure du coucher est bien établie.

Mais, comme Ginette Messier le fait remarquer, lorsque des parents offrent à un enfant la possibilité de faire des choix, ils doivent être prêts à s'accommoder de sa décision. «Luc pratique à fond des sports et lorsqu'il a eu la possibilité d'en faire dans un camp spécialisé, cet été, nous pensions qu'il en serait ravi. Nous lui avons laissé le choix et il a décidé de rester à la maison pour jouer avec ses amis. Nous étions un peu déçus, mais pour moi, encourager l'indépendance, ça signifie lui permettre de prendre ce genre de décisions.»

Linda Tetreault admet qu'être parent d'un enfant indépendant peut parfois être plus difficile. «Parce que les enfants ont appris, à travers les choix qu'ils ont faits, qu'il existe des solutions de rechange, ils peuvent avoir tendance à revenir en arrière et à remettre les règles en question. Cependant, ils possèdent une grande estime de soi et ils sont plus équilibrés sur le plan émotif. Ils apprendront à vous respecter s'ils sont convaincus que vous les respectez.»

Guylaine Saulnier, mère de Nadine (onze ans), Adam (huit ans) et Daniel et Sarah (jumeaux de six ans), tente d'apprendre à ses enfants «l'indépendance par le biais des responsabilités».

Guylaine utilise les événements normaux dans la vie de ses jeunes pour introduire de nouvelles responsabilités. Par exemple, au début de chaque été, ils passent en revue ensemble les règles pour la saison qui vient. Cette année, Adam a la permission, pour la première fois, d'aller s'amuser au parc tout seul et de faire le tour du pâté de maisons à bicyclette.

Il est très important d'apprendre à faire des choix et à accepter les responsabilités qui en découlent, souligne Guylaine. «Quand ils sont petits, vous avez tendance à tout faire pour vos enfants, mais au fur et à mesure qu'ils sortent dans le monde, vous devez leur faire confiance et les laisser prendre des décisions par eux-mêmes. S'ils ont appris à s'exprimer à la maison et à penser aux conséquences, alors ils sauront faire de bons choix dans la vie.»

Guylaine note que le sens inné de l'indépendance semble être plus fort chez certains enfants que chez d'autres. «Je l'ai surtout remarqué chez mes jumeaux. Même s'ils sont du même âge, l'un est très dépendant et l'autre, plutôt indépendant. Lorsqu'il tente de faire quelque chose de nouveau, Daniel procède par étapes; il a tendance à hésiter tandis que Sarah le pousse à aller plus vite.»

Vous devez prendre en considération ces différences individuelles quand vous aidez votre enfant à acquérir une plus grande indépendance. Les choix offerts et les responsabilités devraient toujours être en rapport avec l'âge de l'enfant, et lui convenir.

Pour aider votre enfant à devenir plus indépendant, il suffit parfois tout simplement de le laisser faire; cela lui permettra d'avancer à son propre rythme dans un monde plus grand. «C'est parfois difficile, admet Linda Tetreault, mais ça en vaut la peine.»

Protéger ses enfants: le juste milieu

Comment savez-vous quand permettre aux enfants de voler de leurs propres ailes et quand les en empêcher et les protéger? En fait, vous ne le savez pas. Être parent consiste à prendre des décisions, sans pour autant jamais être certain que ce sont les bonnes; et trouver cet équilibre parfait entre l'indépendance, que vous laissez votre enfant acquérir, et la protection que vous lui accordez est l'une des choses les plus difficiles à réaliser.

Vos choix seront plus faciles à faire si vous vous basez sur les habiletés que votre enfant possède. La préparation est aussi importante. «La liberté doit être accordée progressivement», dit Alison Rees, conseillère et éducatrice à Victoria, en Colombie-Britannique. «Vous ne pouvez tout simplement pas dire un jour à votre enfant: "Maintenant que tu as dix ans, tu peux aller dans la rue à bicyclette". Ce serait inutile si le jeune n'a jamais appris à aller à bicyclette, que ce soit dans un stationnement désert ou sur le trottoir, ou encore s'il n'a jamais fait de randonnées en famille afin d'apprendre les rudiments du sport et de la sécurité.»

«Quand vous surprotégez vos enfants, vous ne leur permettez pas de prendre des risques normaux», affirme Alison Rees. Mais qu'il s'agisse de grimper à une échelle ou de traverser la rue tout seul, il n'existe aucune formule pour définir ce qu'est un «risque normal». Par exemple, au Canada, dans plusieurs petits villages, les enfants de première année marchent à l'école avec un ami ou accompagnés d'un plus grand. Dans les centres urbains, il peut être impossible de le faire. Alison Rees déclare: «C'est au parent d'évaluer, avec l'enfant, les limites qui sont négociées. Analysez la situation, éduquez l'enfant et lorsque vous croyez qu'il est prêt, laissez-le aller.»

le saviez-vous?

«Est-ce que je peux avoir un animal?
Je vais m'en occuper.»

Offrir un animal à un enfant d'âge scolaire, est-ce une bonne façon de lui enseigner l'indépendance et la responsabilité?

Karen Smith, vétérinaire en Nouvelle-Écosse, a une maison remplie d'enfants et d'animaux. Elle est absolument convaincue de l'importance d'un animal dans la vie d'un enfant, mais prévient, cependant, que le bien-être de l'animal ne devrait pas reposer entièrement sur lui: «Les parents espèrent souvent que les jeunes apprendront à être responsables en s'occupant d'un chien ou d'un chat, mais leurs attentes ne devraient pas être trop grandes. Ce sont eux qui se retrouvent habituellement à faire presque tout le travail. Il est donc important que l'animal choisi convienne à leur mode de vie.»

Les enfants peuvent sûrement participer aux soins de leur animal; mais, même lorsqu'il s'agit de petits animaux requérant un minimum de soins, la participation active d'un adulte est nécessaire. Votre enfant de sept ans, par exemple, peut nourrir son poisson tous les jours (il faut parfois le lui rappeler), mais si vous pensez qu'il nettoiera le bocal, vous devriez peut-être demander à un ami qui a un aquarium de vous faire une petite démonstration avant de vous lancer dans un tel projet. (Je me souviens d'avoir laissé tomber un bocal qui était trop lourd pour moi quand j'avais dix ans.)

De même, votre enfant de huit ans pourrait promener le chien, mais seulement après que l'animal a été parfaitement dressé et que vous savez qu'il ne se mettra pas à courir après un écureuil ou à tirer votre enfant dans la rue. Et même alors, seul un adulte ou un enfant plus âgé peut assurer sans problème les longues promenades dont la plupart des jeunes chiens actifs ont besoin.

Alors, si vous et votre enfant aimez les animaux, offrez-lui un animal. Comme le dit si bien Karen Smith: «Un animal est un ami qui ne porte aucun jugement, qui vous aime toujours, qui n'est pas de mauvaise humeur à cause de son travail ou de la conjoncture économique. Vous pouvez jouer avec lui, le laisser dormir sur votre lit, vous confier à lui quand vous n'avez personne d'autre à qui parler de vos problèmes; et il ne répliquera jamais.»

Mais il ne faut pas oublier que, lorsque vous avez un animal, aussi petit et peu coûteux soit-il, vous êtes responsable de sa vie. C'est une responsabilité qu'un jeune enfant peut partager, mais qu'il ne peut pas assumer seul.

La grande école
une étape à préparer

Autrefois, commencer l'école, c'était comme entrer dans un autre monde. Pour beaucoup d'enfants, c'était une transition énorme. Pour la première fois, ils s'éloignaient de chez eux ou se retrouvaient avec un grand nombre d'enfants, et ils mettaient les pieds dans une école. La structure et les exigences d'une classe leur étaient aussi entièrement nouvelles.

Aujourd'hui, pour la plupart d'entre eux, cette transition se fait progressivement par le biais de la maternelle. Lorsque les enfants arrivent en première année, l'édifice leur est déjà familier, ils sont habitués à être séparés de leur famille toute la journée et ils connaissent quelques enfants de leur classe. Dans la plupart des écoles, on retrouve un environnement conçu pour les enfants de première année, spécialement élaboré pour leur permettre de passer plus facilement du programme basé sur le jeu qu'ils avaient en maternelle à un programme scolaire plus sérieux.

«Au début, quand Paula allait à la maternelle, elle en revenait exténuée, se souvient Cynthia Lemieux dont la fille était en première année l'an dernier. J'ai donc pensé qu'un nouveau programme d'apprentissage allait l'épuiser. Mais elle a trouvé son propre rythme et s'est adaptée assez rapidement.»

Tout comme Paula, certains enfants n'ont aucun mal

à s'adapter en première année, dès le début. Mais pour d'autres, il ne faut pas oublier que la «grande école» est toujours une étape énorme à franchir. En première année, même s'ils aiment l'école, bien des enfants rentrent chez eux fatigués et tendus après toute une journée de classe, et sont souvent difficiles à vivre.

Cécile Grondin était décontenancée de voir comment Camille, sa fille de six ans, pouvait être maussade et disposée à argumenter sur tout après une journée de classe. En discutant avec d'autres mères de famille, elle s'est aperçue que sa fille n'était pas la seule à réagir ainsi.

Comme l'explique si bien Germain Duclos dans l'ouvrage *Du côté des enfants, volume III* (Publications de l'Hôpital Sainte-Justine, 1995), «Plusieurs enfants éprouvent de la difficulté à s'adapter au régime pédagogique de la première année qui est beaucoup plus exigeant que celui de la maternelle. Au niveau de la maternelle, on s'adapte aux rythmes d'apprentissage et aux intérêts des enfants; en première année, les élèves doivent s'adapter au programme... En première année, les exigences des programmes imposent un encadrement qui laisse peu de place à l'autonomie et à la créativité. Les enfants ont pu exercer ces aptitudes en classe maternelle, mais ils font face maintenant à des contenus scolaires obligatoires qui sont plus abstraits et qu'ils doivent intégrer avec des consignes strictes. Ils se voient contraints de suivre le rythme de la classe. Les rythmes individuels et les motivations personnelles doivent laisser la place aux exigences du programme et à la bonne marche de l'ensemble du groupe. Les différences individuelles sont moins prises en considération!»

Pour mieux vivre ce grand passage, l'auteur donne plusieurs suggestions:

• Attendez quelques mois ou l'année prochaine avant

de soumettre votre enfant à de nouvelles activités parascolaires qui exigent un rendement élevé.

- Si l'école offre des rencontres d'information, n'hésitez pas à y participer et à poser des questions pour mieux comprendre le régime pédagogique et le fonctionnement.
- Informez-vous auprès des parents d'enfants qui viennent de terminer cette année scolaire. Invitez-les à parler de ce qu'ils ont vécu.
- Aidez votre enfant à exprimer ses appréhensions. Écoutez-le sans le juger et surtout sans minimiser ses propos. Faites ressortir les éléments positifs que vous remarquez à l'école. Faites-lui visualiser à l'avance le fonctionnement de la classe. Tout en contrôlant vos propres sentiments, informez-le des frustrations qu'il pourra vivre à l'école.
- Exprimez à votre enfant votre fierté de le voir grandir. Assurez-le de votre amour et de votre soutien constants.
- Si l'adaptation de votre enfant est longue, difficile, et surtout s'il présente des problèmes psychosomatiques (maux de tête, maux de ventre, difficulté à s'endormir), consultez l'enseignante pour évaluer le niveau d'adaptation de l'enfant en classe et, de plus, n'hésitez pas à consulter un spécialiste.

trucs & conseils

L'adaptation à l'école et le stress qui peut en découler

Les changements les plus difficiles à affronter pour l'élève de première année ne sont pas tous nécessairement reliés au programme scolaire. Voyez les exemples suivants qui sont tous tirés de faits réels.

- Peu après avoir commencé l'école, Maya s'est mise à

«traîner la patte» tous les matins. Il a fallu un certain temps à ses parents pour se rendre compte que ça n'avait rien à voir avec l'école en fait, c'était le transport en autobus scolaire que leur fille ne supportait pas. «Je ne sais jamais où m'asseoir, et si l'autobus démarre quand je suis encore debout, je manque toujours de tomber. Et je déteste m'asseoir avec des enfants que je ne connais même pas», a-t-elle fini par déclarer un jour.

- Jason était toujours affamé lorsqu'il rentrait à la maison, mais il ne touchait presque jamais à son lunch, le midi. La première fois que je lui en ai parlé, il a seulement haussé les épaules. Mais la semaine suivante, il a progressivement exposé le problème. Il avait de la difficulté à ouvrir son pot de yogourt et une fois, en tirant fort, il avait éclaboussé son t-shirt. Ses carottes avaient mauvais goût après être restées dans son pupitre toute la matinée. De toute façon, les enfants n'avaient que dix minutes pour manger avant d'être envoyés dans la cour, et si Jason discutait et riait avec ses amis, il n'avait tout simplement pas le temps de manger.

- «Que fais-tu à la récréation?» a demandé un soir le père de Sophie à son enfant. «Oh, la plupart du temps, on reste le long du mur, a répondu Sophie. Les grands prennent toute la place.»

Jusqu'à un certain point, il faut tout simplement du temps pour que les enfants s'habituent au monde bruyant de la cour d'école. Mais les parents peuvent les aider de différentes façons:

- Le lunch mérite une attention particulière parce qu'un enfant affamé aura plus de difficulté à bien fonctionner. Si votre enfant doit apporter son repas à l'école, organisez quelques pique-niques avant les premiers jours d'école pour voir comment il se débrouille. Peut-il soulever les couvercles en plastique des contenants que vous songez utiliser? Sait-il comment emballer les restes, afin que les aliments ne soient pas imbibés de jus ou de pudding? Peu après le début des classes, demandez-lui s'il aime ses repas. C'est surprenant de voir combien d'aliments, consommés sans problème à la maison, finissent dans la poubelle de l'école (trop difficile à manger, sent mauvais, prend trop de temps à manger).

- Si votre enfant est facilement intimidé par un groupe, vous pouvez en parler avec son professeur pour qu'il lui trouve un camarade. «Je m'assure souvent qu'un tel enfant ait quelqu'un avec qui s'amuser dans la cour d'école», dit la professeure de première et de deuxième année, Janie Jolley.
- C'est pareil en ce qui concerne l'autobus. Si votre enfant n'a personne avec qui s'asseoir, assurez-vous qu'il ait une place réservée à l'avant de l'autobus.

Lectures recommandées

- Germain Duclos, *Guider mon enfant dans sa vie scolaire*, Montréal, Éditions de l'Hôpital Sainte-Justine, 2001.

Des amis, vraiment!
le tourbillon social commence

Qu'est-ce qu'un ami? Cela dépend, en partie, de l'âge que vous avez. Pendant les premières années d'école, l'amitié entre enfants devient plus complexe et gagne en importance.

Jean Sinclair, père de deux enfants, remarque: «Avec les enfants d'âge préscolaire, l'amitié semble presque être matière de convenance; votre ami est celui que vous avez sous la main: le voisin, celui qui est assis à côté de vous pendant le repas ou encore celui qui a les plus beaux jouets chez lui.»

Il a cependant noté un changement chez Thomas, son fils de sept ans: «Maintenant, les amitiés de Thomas semblent être basées avant tout sur la personnalité. Il veut être avec des enfants qui partagent les mêmes intérêts que lui et avec qui il peut s'entendre facilement, des enfants qu'il aime.»

Dans ce groupe d'âge, c'est un élément clé dans l'évolution de l'amitié, affirme Janet Morrison, une psychothérapeute pour enfants de Toronto. «Ces enfants ont dépassé le stade des jeux parallèles. Lorsqu'ils sont avec un ami, ils veulent interagir avec lui. C'est un engagement beaucoup plus grand. La compatibilité des personnalités, des intérêts et du niveau des activités devient importante.»

«Thomas a eu un ami pendant plusieurs années lorsqu'il était petit, raconte Jean Sinclair. Ils étaient presque toujours ensemble. Mais maintenant qu'il est plus vieux, mon fils se rend compte qu'ils ne partagent pas vraiment les mêmes intérêts. Ils ont très peu de choses en commun.»

En fait, pendant les premières années d'âge scolaire, l'amitié (et l'inimitié) repose surtout sur les différences et les intérêts communs. «De nos jours, les enfants veulent être comme leurs amis. Ils veulent porter les mêmes vêtements, avoir les mêmes jouets, regarder les mêmes émissions de télévision, souligne Janet Morrison. En même temps, ils remarquent les différences. Tout d'abord les différences entre leur famille et les autres familles, car ils passent beaucoup plus de temps chez leurs amis. Mais aussi des différences entre les enfants, ce qui, malheureusement, peut mener au rejet de certains d'entre eux.»

L'an dernier, à la maternelle, Heidi Pieper comptait un garçon de sa classe parmi ses meilleurs amis.

«Maintenant qu'elle a sept ans et qu'elle est en première année, Heidi ne s'intéresse plus à lui, raconte sa mère, Chantal Côté Pieper. Il a beau l'appeler, elle ne veut jouer qu'avec des filles.» En fait, Heidi est tellement déterminée qu'elle a même appelé la mère du garçon. «Je suis entrée dans la pièce au moment où elle disait: "Madame, votre fils est très impoli. Voulez-vous lui dire qu'il me laisse tranquille, s'il vous plaît?"» se souvient Chantal.

Ce ne sont pas tous les enfants qui sont aussi déterminés et sûrs d'eux, mais pendant ces années, la plupart des jeunes s'en tiendront à des amitiés de même sexe, dit Janet Morrison. «Les amitiés "hors normes" sont quand même possibles, mais elles sont l'exception», note-t-elle. Des cousins de sexe opposé ou des voisins peuvent continuer à jouer ensemble, loin des regards inquisiteurs des camarades d'école. Mais dans la cour d'école, la ségrégation est de mise.

Alors qu'à l'âge préscolaire les besoins émotifs des enfants sont comblés à l'intérieur du noyau familial, à partir de maintenant, les enfants se tournent de plus en plus vers leurs amis afin d'avoir leur approbation et leur compagnie. Dans leur livre *Les besoins et les défis des enfants de 6 à 12 ans* (Les éditions Héritage, 1994), Germain Duclos, Danielle Laporte et Jacques Ross expliquent l'importance du groupe de pairs pour l'enfant de cet âge: «Il est un lieu privilégié d'affirmation de soi, de valorisation personnelle et d'identification à des conduites morales et sociales.» La psychologue Danielle Laporte ajoute, dans le livre *Du côté des enfants, volume II* (Publications de l'Hôpital Sainte-Justine en collaboration avec *Le Magazine Enfants Québec*, 1992), que l'enfant solitaire a de lui une image négative très forte et que «l'enfant qui n'a pas d'amis souffre beaucoup de cette situation».

Cela ne veut pas dire que les enfants doivent obligatoirement être très actifs sur le plan social. Comme le fait remarquer Janet Morrison: «Il y a bien des façons d'être sociable avec les gens. Certains enfants recherchent constamment la compagnie de leurs amis, tandis que d'autres ont besoin de plus de solitude. Même un enfant timide et calme aura un ou deux bons amis avec qui il aimera passer du temps. Si un enfant n'a vraiment aucun ami, alors un problème se pose.»

S'il s'agit d'un problème important, qui se prolonge, il peut être nécessaire d'envisager l'aide d'un thérapeute. Bien souvent, par contre, le manque d'amis n'est que temporaire: le meilleur ami a déménagé, laissant un vide profond, ou l'enfant fréquente une nouvelle école où il ne connaît personne. Bien que plusieurs se lieront facilement d'amitié, il peut leur falloir du temps pour être acceptés par un nouveau groupe et, en même temps, trouver «l'âme sœur». Janet Morrison suggère aux parents de se tenir prêts à intervenir si le besoin s'en fait sentir: «Les enfants timides, par exemple, peuvent avoir de la difficulté à aborder un ami potentiel. Vous pouvez donc leur demander s'il y a quelqu'un en particulier dans la classe qu'ils aiment bien et faire les premiers pas pour eux en vous présentant aux parents de cet enfant et organiser une rencontre. Planifiez une activité particulière et amusante, une sortie par exemple, afin de faciliter la rencontre entre eux.» Les professeurs peuvent aussi souvent venir en aide en identifiant un camarade de classe qui pourrait bien s'entendre avec votre enfant et en les faisant travailler en équipe pour un travail scolaire ou en les associant lors d'une sortie.

La qualité du jeu change beaucoup à cet âge. «Les enfants d'âge scolaire sont très portés sur les règles», fait remarquer Janet Morrison. Ils passent beaucoup de temps à établir des règles entre eux et à les négocier, tant et si bien qu'il ne leur reste plus de temps pour jouer! On remarque aussi moins de fantaisie dans leurs jeux. Ils aiment encore jouer à faire semblant, mais en s'accordant moins de liberté. Il n'est plus question de faire ce qu'on veut quand on le veut; il faut l'approbation des camarades de jeu.

Elle souligne que bien que les querelles d'enfants survenant pendant les jeux puissent devenir épuisantes, les leçons qu'ils en tirent alors sont extrêmement valables. Marie Masson, mère de trois garçons, a remarqué un grand changement chez son aîné, Nicolas, huit ans. «Mes enfants aiment être en compétition avec leurs amis. Ils veulent toujours être les meilleurs. Mais Nicolas apprend à partager les feux de la rampe. J'ai vu une grande amélioration dans sa façon de gérer les conflits.»

«C'est dans ces moments-là que les enfants apprennent à coopérer, à s'entendre entre eux et à négocier, dit Janet Morrison. C'est ce dont ils ont besoin pour vivre en harmonie avec les autres tout au long de leur vie.»

Pas si simple entre grands amis!

Denis, sept ans, a deux grands amis: Simon et Thierry. Mais il a aussi un problème: Simon n'aime pas Thierry. En fait, Simon se moque de lui à l'école et tente de persuader les autres enfants de ne pas lui parler.

«Ça tracassait vraiment Denis, se souvient sa mère, Line Bastien. Il ne pouvait pas comprendre pourquoi Simon était si méchant envers Thierry, et il voulait vraiment jouer avec les deux garçons.»

Denis a discuté du problème avec ses parents, mais il a échafaudé son propre plan. «Il a décidé de les inviter tous deux à une petite fête, puis à coucher à la maison pour qu'ils se connaissent mieux. C'était la première fois qu'ils couchaient chez quelqu'un d'autre et c'était tout un événement, raconte Line en souriant. Nous avons fait des tas de préparatifs pour nous assurer qu'ils aient vraiment envie d'accepter l'invitation tous les deux.»

La stratégie de Denis a merveilleusement bien fonctionné. «Ils ont passé tant de temps à parler de cette soirée et à la planifier que, le moment venu, Simon et Thierry s'entendaient déjà beaucoup mieux. Thierry n'est pas resté à coucher: ses parents trouvaient qu'il n'était pas encore prêt à vivre une telle expérience. Mais il est resté assez tard et les garçons se sont bien amusés tous ensemble.»

«J'admire vraiment la façon dont Denis a tout orchestré, ajoute Line. Il n'a pas été passif face à la situation et il n'a pas non plus pris le parti d'un de ses amis au détriment de l'autre. Il a plutôt réfléchi à la façon dont il pouvait aider ses amis à faire la paix. Il était conscient que son plan pouvait échouer et il avait déjà prévu des solutions de rechange.»

Être partagé entre deux amis est une situation difficile à vivre pour tous et un dilemme qui se rencontre trop souvent chez les enfants. Parfois, un ami possessif tente de repousser tout compétiteur potentiel. Quelquefois, il s'agit d'une hostilité inexplicable. Et il n'est pas toujours possible de faire tomber les défenses aussi bien que Denis l'a fait. Mais il est une vérité dont on doit tenir compte: lorsque des enfants s'amusent ensemble, il est difficile pour eux de ne pas s'aimer. Alors, ça vaut la peine d'essayer.

«Pas question, je n'irai pas!»

les non-participants

«Dès l'âge de quatre ans, les frères aînés de Michelle jouaient au hockey et pratiquaient d'autres sports, raconte Marie Besley, et ils participent toujours à diverses activités. Mais lorsqu'est venu le tour de Michelle, elle m'a dit très clairement: "Si tu m'inscris, je n'irai pas".»

Lorsque Marie a insisté pour que sa fille de huit ans suive un cours ou s'inscrive à une activité de son choix, le résultat a été une lutte sans trêve. Ce n'est pas que sa fille ne s'intéresse à rien. Marie avait remarqué combien elle appréciait particulièrement les sorties à la piscine en famille (elle était toujours la dernière à sortir de l'eau), aussi était-elle certaine de son coup en lui suggérant de l'inscrire à des cours de natation. Mais Michelle a détesté ça.

Toutes sortes d'activités sont offertes aux enfants de six à huit ans: hockey, natation, badminton, gymnastique, danse, musique, camps de vacances, la liste est longue. Ceux qui ne participent pas à des activités formelles créent souvent leur propre club ou équipe pour jouer à différents sports. Pour bien des enfants, c'est un âge où «faire partie d'un groupe» devient une priorité. Mais ce ne sont pas tous les enfants qui veulent y participer.

Joanne Tee, travailleuse sociale et conseillère familiale en pratique privée à Hamilton, en Ontario, explique: «Dans n'importe quel groupe d'enfants, il y en a toujours qui, enthousiastes et spontanés, sont les premiers à se lancer. Il y a ceux qui sont plus détendus et qui suivent le groupe. D'autres, plus lents à réagir, prennent un certain temps avant de se sentir intégrés au groupe. Et, finalement, quelques-uns ne s'intéressent tout simplement pas aux activités de groupe.»

Bien que tous ces types de personnalité soient plutôt normaux, la société dans laquelle nous vivons accorde plus de valeur aux qualités de l'enfant qui tend à être extraverti et qui fait preuve d'enthousiasme.

«Les professeurs et les animateurs de programmes pour enfants sont souvent des gens extravertis, affirme Joanne Tee. Alors, dès qu'ils voient qu'un enfant ne participe pas, ils en déduisent que quelque chose ne va pas chez lui ou ils pensent qu'il est malheureux de ne pas faire partie du groupe parce qu'eux n'aimeraient pas se sentir exclus.»

Marie s'inquiétait de ce que Michelle réalise un jour qu'il lui manque des habiletés et des aptitudes que les cours ou le sport auraient pu lui enseigner. «M'en voudra-t-elle, un jour, parce que je ne l'aurai pas obligée à participer?» C'est possible. Joanne Tee explique que certains non-participants ne font, en réalité, qu'hésiter. Avec un peu d'encouragement de la part des parents, ils finissent par vraiment aimer l'activité. «Pour les aider, vous pouvez leur offrir de les accompagner et de rester sur place à les regarder jusqu'à la fin de l'activité. Ou, peut-être, si vous en avez le temps, pourriez-vous participer activement? Le réconfort de votre présence peut être suffisant pour que votre enfant se sente plus à l'aise et décide de participer pleinement. Le fait de s'inscrire avec un ami ou d'assister à quelques sessions en tant qu'observateur, avant de prendre une décision, peut aussi lui donner l'assurance dont il a besoin.

D'autres enfants, par contre, préfèrent réellement avoir des moments de solitude ou des activités moins structurées. S'il faut plus qu'un coup de coude pour inciter votre enfant à participer et s'il semble heureux même s'il ne fait pas partie d'activités de groupe organisées, il est peut-être préférable de ne pas insister.

Marie a remarqué que Michelle aimait sortir en famille et jouer avec ses camarades à des jeux informels. «Lorsqu'elle refuse de s'inscrire à des activités l'été, je la préviens que la saison sera longue et qu'elle risque de s'ennuyer, dit Marie. Mais cela ne la dérange pas du tout. En fait, je crois qu'elle attend avec impatience ces semaines où elle n'aura rien de précis à faire. Elle est heureuse de jouer avec ses amis et de faire des activités avec nous, et cela lui suffit.»

Joanne Tee remarque que plusieurs activités de groupe sont organisées en fonction des attentes d'un adulte, et comportent un déroulement des règles et des objectifs qui répondent aux besoins de l'adulte. «Les enfants comme Michelle, d'un autre côté, ont besoin de beaucoup de jeux non structurés et créatifs. Celui qui ne participe pas est souvent quelqu'un de très créatif.»

Parmi les non-participants, on compte aussi les enfants qui sont sérieux et indépendants de nature, souligne-t-elle. Ils peuvent trouver que les activités prévues pour leur groupe d'âge sont sans intérêt. Ils n'aiment pas faire du bricolage ni chanter des chansons à répondre. Joanne Tee donne l'exemple d'un garçon de huit ans dont le professeur organisait régulièrement, avec sa classe, des défilés à travers les couloirs de l'école et dans la rue. Tandis que plusieurs enfants attendaient avec impatience ces défilés et déambulaient dans les couloirs de l'école avec beaucoup d'enthousiasme, ce garçon en particulier était mal à l'aise chaque fois qu'il devait y participer.

Lorsqu'ils sont plus vieux et que les activités conviennent mieux à leur personnalité, ces enfants deviennent souvent plus participants. Michelle a récemment suivi des cours d'équitation et (à la grande surprise de sa mère) elle adore ça. D'une certaine façon, l'équitation est un sport individuel, mais les cours sont donnés en groupe et la classe travaille ensemble. Pour Michelle, cela semble être le compromis idéal entre les activités individuelles et les activités de groupe. Maintenant, elle fait de l'équitation avec un groupe d'enfants toutes les semaines et, raconte sa mère: «Elle aime tellement les chevaux qu'elle a hâte d'y aller.»

Joanne Tee prévient aussi les parents de prendre garde lorsqu'ils inscrivent leur non-participant à une activité et qu'ensuite ils insistent pour qu'il aille jusqu'au bout. Si votre enfant déteste le programme d'un cours, ne l'obligez pas à poursuivre. Au lieu de lui montrer l'importance de terminer ce qu'il entreprend, ça risque fort probablement de le décourager de s'inscrire de nouveau à une activité, de crainte de devoir faire quelque chose qu'il déteste pendant plusieurs mois.

À la place, Joanne Tee encourage plutôt les parents à respecter la personnalité de leurs jeunes et à tenir compte de leur avis. Parfois, ils savent mieux que nous ce qui leur convient.

D'un extrême à l'autre: trop d'activités

Pendant l'hiver, chaque semaine, Justin (huit ans) a deux parties de hockey (une avec une ligue régulière et une avec le club de l'école) et au moins une période d'entraînement. Il suit aussi des cours de natation tous les dimanches après-midi, et joue au ballon-balai le mardi soir. Sa sœur cadette suit, quant à elle, des cours de natation, de piano et de gymnastique. Cela veut dire qu'au départ, il y a obligatoirement huit activités par semaine dont la famille doit tenir compte!

Pour chaque enfant qui hésite à participer à une activité quelle qu'elle soit, il y en a un qui s'y jette corps et âme. Les parents encouragent souvent cette dernière attitude car, pour eux, le fait de participer à beaucoup d'activités est quelque chose d'admirable. Il est cependant facile pour les enfants et leurs parents d'être dépassés par trop d'obligations. Il suffit d'avoir un devoir inattendu, un anniversaire ou une rencontre le soir après le travail pour que ce qui était un plaisir au début devienne rapidement très stressant.

À partir de combien cela devient-il trop? Cela dépend en partie de votre enfant, bien entendu; certains peuvent jongler avec plus d'activités que d'autres sans montrer de signes de stress. Mais cela dépend aussi de ce qui se passe dans la famille. Combien de ses frères et sœurs participent à des activités après l'école? Quelle est la flexibilité de l'horaire des parents? Quelles sont leurs possibilités pour assurer le transport des enfants? Quel est le budget dont dispose la famille? Combien de temps libre prévoyez-vous passer ensemble? Certains parents trouvent que deux activités organisées par enfant est un objectif réalisable, mais même cela peut être trop pour certaines familles très occupées.

Et si vous vous sentez coupable de priver votre enfant d'une nouvelle activité, voyez les choses de cette façon: il est extrêmement important qu'un enfant apprenne à s'organiser et à structurer son temps. Donc, en insistant pour qu'il prenne un peu de temps pour lui, vous lui offrez vraiment une importante occasion d'apprendre.

«On couche chez toi ou chez moi?»

les enfants à l'aube de la vie

«Est-ce que je peux coucher chez Benoît?» «Est-ce que Marie-Hélène peut coucher ici ce soir?» Les parents doivent s'attendre à entendre ces questions durant les premières années d'école de leurs enfants. Coucher chez un ami ou inviter un ami à coucher chez soi est une des premières étapes vers l'indépendance, une occasion de renforcer l'amitié et de découvrir comment ça se passe chez les autres. Cette expérience peut être des plus plaisantes pour les deux enfants (et pour vous aussi!), mais comme toute nouvelle expérience, elle peut aussi être stressante.

Certains enfants sont ravis d'aller coucher chez un ami pour la première fois, et ils y vont sans aucune hésitation. D'autres ont des sentiments mitigés. Si Patrick est nerveux d'aller coucher chez un copain, songez à inviter un de ses amis audacieux à venir dormir chez vous en premier. L'occasion d'être un hôte aide éventuellement l'enfant à devenir un invité.

Ne structurez pas trop l'horaire. C'est bien de louer un film (pas un film d'horreur!) ou de prévoir une courte sortie, mais n'oubliez pas que ce qui est vraiment amusant, quand on va coucher ailleurs ou qu'on invite un ami à coucher chez soi, c'est de prendre le temps de parler et de jouer ensemble.

Et qu'en est-il de l'heure du coucher? Notez que dans un tel cas, dormir devient plus figuratif que littéral. Les enfants qui ont des frères et sœurs plus vieux peuvent même espérer passer une nuit blanche. À l'âge de six à huit ans, par contre, il vaut mieux, pour les enfants, qu'on leur impose gentiment une heure de coucher. «C'est une question d'équilibre», fait remarquer Valérie Banks, mère de deux enfants. «C'est amusant pour eux de rester debout plus tard et, de toute façon, c'est inutile de vouloir les coucher avant qu'ils y soient prêts et bien fatigués. Cependant, si vous attendez trop, et qu'ils sont vraiment épuisés, certains enfants seront trop excités pour s'endormir. C'est alors qu'ils s'ennuieront et seront tristes.»

Valérie laisse son fils aîné (11 ans) et ses amis s'endormir sans qu'elle leur dise de le faire («Il suffit d'aller dans le salon et de dire: "Bon, les gars, on éteint!" puis d'y retourner une demi-heure plus tard pour leur demander de ne pas faire de bruit»), mais elle trouve que les enfants plus jeunes ont souvent besoin d'aide pour arriver à se détendre. «C'est difficile pour eux de se calmer dans un nouvel environnement, dit-elle. Je leur lis une histoire ou mon mari joue de la guitare pendant un petit moment quand les lumières sont éteintes.»

Si vous ne devez pas vous attendre à ce qu'ils dorment beaucoup, vous pouvez être certaine qu'ils seront affamés. C'est une bonne idée de passer un coup de fil rapide aux parents de votre invité pour savoir s'il souffre d'allergies ou s'il y a des aliments qu'il faut éviter de lui donner. Pendant que vous y êtes, informez-vous de ses habitudes à l'heure du coucher ou de ses craintes probables. Certains enfants sont incapables de s'endormir sans leur verre de lait chaud ou sans un livre. Assurez-vous que votre invité a bien sa «doudou», son ourson ou tout autre objet avec lequel il a l'habitude de dormir.

Au moment du coucher, si votre jeune visiteur

semble malheureux, offrez-lui la possibilité de téléphoner à ses parents pour leur souhaiter bonne nuit. Le simple fait d'entendre leur voix peut le rassurer.

Lorsque c'est au tour de votre enfant d'être invité à coucher chez un ami, souvenez-vous qu'il peut à la fois être très excité et très inquiet. Va-t-on se moquer de son ours? Laissent-ils une veilleuse allumée la nuit? Qu'y aura-t-il à manger au déjeuner? Pour sa première nuit passée à l'extérieur, il serait peut-être préférable qu'il aille coucher chez des amis de la famille. Des gens que votre enfant connaît et chez qui il est à l'aise aussi bien avec les adultes qu'avec les enfants. Cela peut rendre l'expérience plus facile.

Discutez avec votre enfant de ce qu'il veut apporter. S'il ne dort jamais sans sa «doudou» ou sans son ourson, assurez-vous qu'il soit dans ses bagages, et prévenez les hôtes de toute habitude ou besoin spécifique à l'heure du coucher.

Si votre enfant mouille parfois son lit la nuit, parlez-en avec lui et ses hôtes. Ces derniers peuvent protéger le matelas (un sac-poubelle recouvert d'une serviette et placé sous le drap) ou le faire lever pendant la nuit par mesure de précaution. N'oubliez pas de lui donner un pyjama de rechange propre.

Après tous ces préparatifs, les bagages et l'excitation du moment, ne soyez pas surpris d'entendre sonner le téléphone à 23 h et d'avoir, au bout du fil, une petite voix qui vous dit: «Peux-tu venir me chercher?» Cela arrive très souvent les premières fois. Pour ces premières invitations à coucher ailleurs, assurez-vous que votre enfant n'est pas bien loin de chez vous et ne sautez pas trop tôt dans votre pyjama. Lorsque Marie Ouellette a ramené Anne, sa fille de six ans, à la maison, elle lui a simplement dit: «Tu ne devais pas être encore prête à coucher ailleurs. Ça se passera sûrement mieux quand tu seras un peu plus grande.»

Si vous ne pouvez (à cause de la distance ou de toute autre considération) aller chercher votre enfant au milieu de la nuit parce qu'il a changé d'idée, dites-le-lui clairement dès le début. C'est ce qui est arrivé quand Anne a été invitée la deuxième fois. Marie lui a expliqué qu'elle voulait bien la laisser aller chez son amie qui demeurait à l'autre bout de la ville, mais qu'elle n'irait pas la chercher au milieu de la nuit. Anne a accepté d'y aller à ces conditions.

Lorsque Anne a téléphoné à la maison, très tard dans la soirée, pour dire bonsoir, Marie a cru déceler un léger tremblement dans la voix de sa fille. Mais Anne a affirmé que tout allait bien et, lorsque Marie est allée la chercher le lendemain, elle lui a annoncé, ravie: «Je me suis bien amusée!»

Une dernière suggestion: ne prévoyez rien de bien exténuant à faire pour le lendemain. À moins qu'il ne fasse une sieste, votre jeune mondain pourra vous sembler quelque peu irritable. (Vous savez comment on se sent après avoir dormi seulement quatre heures!) Mais comme le fait si bien remarquer Jenny, huit ans: «Je suis fatiguée. Et alors? Ça en valait la peine!»

trucs & conseils

Ce qu'il faut faire et ne pas faire lorsqu'un ami vient coucher à la maison

À faire:

- Prévoir des goûters (y compris un goûter raisonnablement nutritif pour le coucher).
- Prévoir des activités (vidéos, jeux de société, bricolage).
- Aider les enfants à se calmer en oganisant une activité tranquille avant le coucher.

- Laisser une veilleuse allumée pour que les enfants puissent se repérer la nuit dans la maison.
- Dire aux jeunes visiteurs qu'ils peuvent vous réveiller en cas de besoin.
- Limiter le nombre d'invités, surtout si c'est une première fois pour plusieurs d'entre eux. (C'est plus difficile de s'endormir lorsqu'il y a foule!)
- Vérifier à l'avance auprès des autres parents si les enfants peuvent changer d'avis et rentrer à la maison.

À ne pas faire:
- Laisser les enfants regarder des films d'horreur ou jouer à des jeux qui font peur.
- Laisser les enfants décider de l'heure du coucher (à moins que ce ne soit un groupe particulièrement raisonnable).
- Espérer que les enfants se calmeront tout de suite après s'être énervés en jouant.
- Prévoir un départ tôt le lendemain matin.

«Chez mon ami, on peut le faire!»

différentes traditions, différentes règles

«La mère de Mila a fait du poulet en sauce brune pour dîner et c'était vraiment bon. On pourrait en manger des fois?» «Il y a un bébé chez Amélie, mais c'est le bébé de sa sœur, pas celui de sa mère. Comment ça se peut?» «C'était super chez David. On sautait en bas du toit de la remise!»

À l'âge scolaire, si ce n'est avant, votre enfant se fera ses propres amis et ira leur rendre visite. C'est un monde entièrement nouveau – un monde dont vous ne faites pas partie. Et si les visites de votre jeune d'âge préscolaire se limitaient presque toujours aux enfants de vos amis et de vos voisins, ses nouveaux camarades de jeu et leur famille que vous ne connaissez pas peuvent vous causer un peu d'anxiété.

«J'ai parfois trouvé ça difficile de les laisser aller chez des amis et j'ai dû m'efforcer de l'accepter, tandis que les enfants grandissaient. On est habitués à les avoir à la maison, où l'on peut savoir tout ce qu'ils font et avec qui ils jouent», raconte Judith Henry, la mère de Bertrand, huit ans, et de Benjamin, six ans.

Néanmoins, Judith, comme la plupart des parents, pense que l'expérience de connaître différentes familles est enrichissante pour ses enfants: «Je crois que cela leur donne la possibilité de vivre bien des choses excitantes.

Ils apprennent à être plus tolérants, à vivre avec les autres – en fait, j'espère que mes enfants auront surtout des occasions d'avoir des amis dont les coutumes sont vraiment différentes des nôtres.»

Monique Lazure, mère de quatre enfants de cinq à quinze ans, partage le même avis: «Ça élargit leurs horizons, dit-elle. Parfois d'autres parents font avec les enfants des activités intéressantes que nous n'avons pas l'habitude de faire chez nous. L'une des familles chez qui mon fils est invité de temps à autre organise des randonnées à bicyclette et fait beaucoup d'observation d'oiseaux, ce qui a permis à mon fils de s'intéresser aux oiseaux. De plus, les enfants côtoient des gens d'ethnies différentes – ma fille, Brigitte, a une amie de religion juive qui l'a invitée à diverses célébrations.»

Par contre, le tableau n'est pas toujours aussi rose. Il arrive que certaines différences soient suffisamment grandes pour causer de l'inquiétude.

«La question des films revient souvent, raconte Judith. À la maison, nous choisissons avec soin les films que nos enfants peuvent regarder. Et parfois, au moment du coucher, lorsque nous parlons, ils nous racontent ce qu'ils ont vu chez leur ami et je me dis: "Oh, là là! Tu as vu *Blade II*?" Mais je passe outre – ces détails font partie de l'aventure et ne sont pas si graves, après tout.»

«Mais il faut voir à ce qu'il y ait ailleurs un minimum de sécurité. Le jour où j'ai découvert qu'il n'y avait pas d'adulte pour surveiller les enfants, je suis immédiatement allée chercher mon fils et je lui ai expliqué qu'une telle situation était inacceptable, qu'il ne pouvait pas aller chez un ami lorsqu'il n'y avait pas d'adulte à la maison.»

Madeleine aussi a eu à se soucier de la sécurité de ses enfants. «Nous connaissons une famille, en particulier, chez qui il y a un plan d'eau et bien souvent aucune surveillance», raconte-t-elle. Comment contrôle-t-elle cette situation? «L'air de rien, je demande à l'un des parents: "Que faites-vous cet après-midi?" pour vérifier si les jeunes seront surveillés. Parfois, je permets à Simon d'y aller pendant un petit moment seulement et parfois j'invite les enfants à venir jouer plutôt à la maison.»

«J'explique aussi à Simon ce qui l'attend: qu'il doit faire attention, penser à lui et ne pas faire systématiquement tout ce que son ami veut.»

Voir à sa propre sécurité est une excellente habitude à encourager très tôt, parce que la sécurité devient de plus en plus critique à l'adolescence. «Je dis à mes enfants que si jamais ils ne se sentent pas à l'aise dans une situation, ils doivent m'appeler ou rentrer à la maison, dit Judith. Ils doivent savoir qu'ils peuvent partir s'ils le jugent bon.»

Le fait d'aller dans d'autres familles amène inévitablement les enfants à réclamer des avantages que leurs amis ont – que ce soit plus d'argent de poche, plus de temps pour regarder la télé, ou de «meilleurs» lunchs à apporter à l'école. (C'est curieux comme ils ne nous supplient pas d'adopter des manières plus strictes à table, d'avancer l'heure du coucher et de leur donner plus de tâches à accomplir!) Judith et Madeleine répondent à la plupart de ces arguments par: «Les gens font les choses à leur manière. À la maison, cependant, c'est nous qui décidons de la façon dont nous allons vivre et de ce qui est le mieux pour nous.»

Elles ajoutent cependant toutes les deux qu'elles tentent d'être flexibles lorsque les enfants reviennent à la maison avec des idées et des suggestions raisonnables. En fait, Madeleine et son mari, André, ont dû eux aussi donner des leçons de flexibilité à leurs enfants. «Lorsque Brigitte (aujourd'hui âgée de 15 ans) a commencé l'école, nous étions végétariens – et elle trouvait difficile de manger chez ses amis. Nous avons tenté de la rassurer en lui disant qu'elle pouvait vraiment manger tout ce qu'on lui offrait. Mais elle critiquait systématiquement ses amis, jugeant qu'ils ne devaient pas manger de viande et qu'elle devait le leur dire. Finalement, nous nous sommes remis à consommer de la viande de temps à autre, afin que les enfants se sentent plus à l'aise lorsqu'ils étaient invités chez leurs amis.»

Qu'il s'agisse de s'adapter à une nouvelle ville, à un nouveau travail ou à une nouvelle culture, la faculté d'adaptation est utile à tout adulte. Les enfants qui sont à l'aise lorsqu'ils rendent visite à quelqu'un apprécieront toute leur vie la compagnie des gens et leur diversité.

Les manières à adopter en visite

Quelques règles de savoir-vivre assureront à votre enfant d'être le bienvenu partout où il sera invité. Enseignez-lui à:

- saluer les parents de ses amis;
- respecter les règles de la maison où il est invité;
- dire «Non, merci» lorsqu'il n'aime pas quelque chose et ne faire aucune critique;
- ramasser les jouets avant de rentrer à la maison;
- remercier ses hôtes avant de partir.

Jouer la carte de la prudence

Comme vous êtes moins en mesure de contrôler l'environnement de votre enfant, il est important de commencer à lui enseigner de nouvelles règles de sécurité. Voici quelques suggestions:

- «Dis-moi toujours où tu es.»
- «Si tu vas chez un ami, et s'il n'y a pas d'adulte, appelle-moi aussitôt.»
- «Si les adultes boivent beaucoup, agissent bizarrement ou si tu te sens mal à l'aise ou pas en sécurité, appelle à la maison.»
- «Si tu as besoin d'avoir un prétexte pour téléphoner, dis: "Mes parents m'ont demandé de les appeler."»

Les problèmes de croissance
les défis à relever – les leurs et les vôtres

Chaque âge comporte sa série de défis à relever et les enfants d'âge scolaire ne font pas exception. Pour ceux qui apprécient la vie de famille et l'école et qui cherchent l'approbation des parents, des enseignants et de leurs amis, cette période peut se passer relativement bien. Certains cependant commencent à faire valoir leur indépendance d'une nouvelle façon. Il leur arrive de bougonner ou encore d'être excessivement agressifs et il peut être difficile pour les parents de régler ce problème sans nuire au développement normal des enfants vers l'indépendance.

C'est parfois l'enfant qui a à se débattre avec ses problèmes – et rien n'est plus difficile que de regarder son enfant passer un mauvais moment. L'école, par exemple, peut être une expérience difficile à vivre pour

certains, et il n'est pas toujours facile de trouver des solutions. Lorsque de tels problèmes surviennent, les parents doivent décider s'il leur faut intervenir ou s'il est
plus sage de laisser le temps agir.

Parfois, le simple fait de savoir que d'autres parents
et d'autres enfants ont relevé les mêmes défis avec
succès est ce qu'il y a de plus réconfortant!

«J'aime pas ça, l'école!»
régler les problèmes scolaires

La plupart du temps, Didier, sept ans, semblait heureux d'aller à l'école, mais de temps à autre, pour aucune raison apparente, il fallait vraiment se battre avec lui pour le faire sortir de la maison. Après un certain temps, ses parents se sont rendu compte qu'il agissait ainsi, particulièrement, le mardi.

Dave Khatib, conseiller pédagogique et enseignant (Drew's School, Red Deer, Alberta), raconte cette histoire pour montrer la diversité des facteurs qui peuvent amener les enfants à éprouver une certaine anxiété face à l'école. «Comme Didier refusait d'aller à l'école les mardis seulement, nous avons donc essayé de trouver ce qu'il y avait de différent les mardis, à l'école. Et nous avons découvert qu'aucun repas chaud n'était servi ce jour-là. Or, cet enfant n'aime pas manger froid. Nous avons donc réglé le problème en installant un four à micro-ondes dans sa classe afin que les jeunes puissent faire réchauffer leur repas.»

Bien des enfants ne veulent pas aller à l'école de temps à autre. Les premières semaines de classe peuvent être difficiles pour eux, car ils doivent se faire à de nouvelles habitudes et à de nouveaux camarades; ou ils ont simplement besoin d'avoir un jour de congé. Mais lorsque le problème persiste, jour après jour et semaine après semaine, il faut trouver une solution. Le premier défi est d'identifier ce qui ne va pas; les jeunes comme Didier, dans l'exemple cité ci-dessus, ne sont pas toujours capables de le faire.

Selon Dave Khatib: «Les parents devraient d'abord toujours discuter avec le professeur.» Après tout, il connaît une des principales pièces du casse-tête: le véritable comportement de l'enfant à l'école. Comment ce dernier s'adapte-t-il aux consignes et au programme? Comment s'entend-il avec les autres enfants? A-t-il un ami en particulier? A-t-il de la difficulté sur le plan scolaire? Quelque chose d'inquiétant est-il survenu récemment, qui pourrait le troubler: un problème de propreté, une réprimande du surveillant, une blessure au cours d'éducation physique?

En deuxième lieu, il s'agit de trouver la solution. Malheureusement, l'anxiété face à l'école n'est pas toujours aussi simple à résoudre que dans le cas de Didier.

«L'une des principales raisons pour lesquelles les enfants refusent d'aller à l'école est la pression exercée par leurs semblables, soutient Dave Khatib. On s'en est peut-être pris à eux ou ils sont devenus la cible de quolibets.»

Dans une telle situation, affirme-t-il, il est important que les parents travaillent de concert avec l'école «pour découvrir ce qui s'est réellement passé et ce qu'ils peuvent faire pour améliorer la situation ou résoudre le problème.» Dave Khatib souligne que les écoles prennent ces préoccupations plus au sérieux que par le passé. «Ces derniers temps, il y a eu bien des initiatives de prises dans les écoles pour créer un environnement harmonieux. Nous voulons nous assurer que les enfants sont en sécurité dans un milieu accueillant. Soixante-dix pour cent des enfants d'âge scolaire ont été intimidés dans la cour d'école à un moment ou à un autre. Et nous voulons modifier cela.»

À l'école de Dave Khatib, un programme de résolution de conflits a été instauré pour résoudre les problèmes que les élèves peuvent avoir entre eux. Il arrive parfois qu'il travaille seul à seul avec les enfants, pour les amener à renforcer leur confiance en soi et à améliorer leurs relations avec les autres.

Lorsque les parents amènent leurs enfants à la garderie, la plupart d'entre eux ne sont pas surpris de les voir manifester de l'anxiété au moment de la séparation, mais les enfants d'âge scolaire peuvent aussi avoir beaucoup de difficulté à quitter leurs parents pour la journée.

Lorsqu'elle a commencé l'école, Claudia Portelli a vécu une très grande anxiété au moment de la séparation, qui l'a marquée pendant longtemps. «La première année a tout simplement été horrible, se souvient sa mère, Louise. Tous les matins, je devais l'amener de force à l'autobus scolaire. Elle pleurait et s'accrochait à moi, me suppliant de ne pas l'obliger à aller à l'école. Aux récréations, elle refusait de jouer avec les autres enfants et de leur parler. Elle restait debout le long du mur à pleurer la plupart du temps. Ça l'affectait même sur le plan physique: elle ne mangeait pas bien, elle avait souvent mal au ventre et elle allait plusieurs fois aux toilettes le matin.»

Elle n'était guère plus détendue après l'école: «Lorsqu'elle arrivait à la maison, ça allait bien pendant environ une heure puis, vers le souper, elle commençait à s'inquiéter pour le lendemain. Elle n'arrivait pas à s'endormir le soir», raconte Louise.

Les Portelli ont finalement demandé au psychologue de l'école de rencontrer leur fille. Ils se demandaient si cette anxiété n'avait pas été déclenchée par un incident particulier. Mais il s'avéra que le seul problème était que Claudia s'ennuyait tout simplement (ou pas si simplement que ça) de sa maman. «Le psychologue nous a recommandé de soutenir notre fille et de lui démontrer beaucoup d'empathie, d'être très présents dans sa vie et, surtout, de continuer à l'envoyer à l'école. Avec le temps, cela finirait sûrement par lui passer.»

Claudia s'en est finalement tirée, mais ce fut un long et pénible processus qui s'est étalé sur plusieurs années et qui a demandé un soutien intensif de la part de ses parents. De fait, l'année suivante, alors que Claudia était en deuxième année, Louise a réduit ses heures de travail pour faire du bénévolat à l'école de sa fille, ce qui semble l'avoir aidée. «Elle aimait savoir que j'étais à l'école et il était entendu que si j'y allais, elle devrait travailler très fort et ne pas me suivre comme un mouton. C'est ce qu'elle a fait. Ma fille commençait à se faire des amies et à être plus détendue en classe, même si la transition de la maison à l'école était toujours difficile pour elle.»

Cependant, un autre problème avait fait surface: Claudia était très en retard dans ses études. «Lorsqu'ils sont comme ça à l'école, ils ne sont pas en mesure d'apprendre, explique Louise. Ils ne pensent qu'à une chose: rentrer à la maison.» En troisième année, Claudia a travaillé avec un tuteur, un conseiller qui ne l'a pas seulement aidée dans ses matières scolaires, mais qui lui a aussi enseigné des stratégies pour atténuer son inquiétude et son anxiété. Dave Khatib pense que lorsque les enfants vivent une anxiété aussi intense à long terme, les parents doivent consulter. «Cela dépasse les compétences d'un conseiller pédagogique», remarque-t-il.

«Il semble qu'il n'y ait rien de concret que l'on puisse faire, regrette Louise. On nous a expliqué qu'une séparation pouvait générer différents degrés d'anxiété, et l'anxiété de Claudia était sévère. Il fallait seulement attendre que ça passe, probablement lorsqu'elle serait en quatrième année.»

Confrontés à des choix aussi limités, certains parents

ont opté pour l'école à domicile pendant quelques années, ou même indéfiniment (voir *L'école à domicile est-elle une option?*, p. 102). Les professionnels de l'éducation semblent croire que les enfants peuvent résoudre l'anxiété de la séparation seulement en continuant d'aller à l'école, mais cela ne concorde pas avec les résultats qu'ont eus les parents qui avaient choisi l'école à domicile. Par exemple Lisa, la fille de Teresa, a radicalement refusé d'aller en première année. Mais après avoir étudié à la maison pendant quelques années, elle a déclaré, à huit ans, qu'elle était prête à aller à l'école, et c'était vrai.

L'histoire de Claudia a une fin heureuse. Maintenant en quatrième année, elle est finalement libérée de son anxiété de la séparation et, la plupart de temps, elle aime bien l'école, même si elle a toujours tendance à s'inquiéter au sujet de son travail scolaire. Ce qui est intéressant, c'est de voir que lorsque sa jeune sœur Christine a commencé l'école, ça l'a beaucoup aidée. «Christine rayonnait de confiance en elle, partait toujours sans aucune hésitation et aimait aller à l'école. Elles ont pourtant toutes les deux été élevées de la même façon», s'étonne Louise.

Chaque enfant est différent en soi et nous ne pouvons pas toujours prédire qui aura de la difficulté à s'adapter à l'école et qui n'en aura pas. Lorsque des problèmes d'ordre scolaire surviennent, écoutez attentivement votre fils ou votre fille et travaillez en équipe avec les professeurs et les autres professionnels de l'école. Si en plus vous faites le maximum pour soutenir votre jeune, alors vous détenez les clés pour résoudre la majorité des problèmes.

L'école à domicile est-elle une option?

Mathieu, le fils de Lorraine Black, maintenant âgé de sept ans, aimait aller à la garderie lorsqu'il était petit. Lorraine l'avait donc inscrit en maternelle sans aucune hésitation. Ce n'est qu'à la première rencontre avec les professeurs, au mois de novembre, qu'elle s'était rendu compte qu'il y avait un problème.

«Le professeur disait que Mathieu ne faisait pas son travail, qu'il était toujours distrait, qu'il refusait de coopérer», raconte Lorraine. Elle avait alors découvert que son fils, un petit garçon débordant d'énergie, passait la plupart de ses récréations en retenue pour finir son travail. En bout de ligne, il était encore plus agité parce qu'il ne faisait aucun exercice et ne jouait jamais pendant la journée, car il était aussi souvent en retenue à l'heure du lunch.

Pendant les vacances d'été, les parents de Mathieu ont consulté leur pédiatre pour savoir si leur fils n'était pas atteint d'hyperactivité. Ce n'était pas le cas. L'année suivante, la situation s'était vite dégradée. «Mon fils pleurait presque tous les soirs à cause de l'école, raconte Lorraine. Il était toujours en retenue aux récréations et le midi.» Mathieu leur disait: «Je suis stupide, je ne peux rien faire. Les autres ont des récompenses et des autocollants, moi, je n'en ai jamais.»

«Je me suis finalement aperçue du ridicule de la situation, souligne Lorraine. Mon fils était malheureux et cela ne nous menait à rien. Après avoir vraiment essayé de travailler de pair avec l'école et avoir dépensé beaucoup de temps et d'énergie pour que Mathieu puisse s'adapter à ce milieu, nous avons dû admettre que l'école ne lui convenait pas pour l'instant. Nous avons donc opté pour l'école à domicile.» Cette décision fut remarquable. «Il est beaucoup plus heureux et il reprend doucement confiance en lui.»

Comme bien des parents qui choisissent l'école à domicile, Lorraine s'est demandé comment elle allait être certaine que Mathieu apprendrait ce qu'il avait besoin de savoir. «J'ai été surprise de voir qu'il faisait d'énormes progrès très rapidement. L'autre jour, il a inventé son propre jeu de ballon-panier tout en étudiant ses mathématiques. Dès qu'il résolvait un problème, il lançait le ballon dans le panier. Il a travaillé ainsi pendant une heure, puis a fait une autre heure de problèmes sur l'ordinateur. Lorsqu'une difficulté survenait, il sortait ses legos, cherchait la solution et, dès qu'il l'avait trouvée, il retournait à l'ordinateur. Je vois qu'il apprend vraiment.»

Pour en savoir davantage

L'école à domicile est légale au Canada (et au Québec) et de plus en plus populaire. Les parents qui veulent enseigner à la maison doivent toutefois en aviser la commission scolaire afin d'éviter que celle-ci communique avec la DPJ (Direction de la Protection de la Jeunesse) pour absence de services éducatifs. Quelques parents utilisent l'un des nombreux cours à domicile offerts; certains s'organisent entre eux pour partager la tâche d'enseignant et d'autres préfèrent se débrouiller seuls. Il existe une Association québécoise pour l'éducation à domicile (AQED). Il s'agit d'un groupe de soutien pour les parents qui désirent instruire leur enfant à la maison. Elle publie également un bulletin d'informations et de nouvelles ainsi que des listes de groupes de soutien au Québec. Le groupe organise aussi des activités ou sorties éducatives et des cours pour les enfants.

AQED-QAHBE
C.P. 82132, 1100 boul. Maloney Ouest
Gatineau, Québec, J8T 8B6
Tél.: (514) 770-3084
www.aqed.qc.ca

Des problèmes à l'école: qui peut aider?

Selon le problème qui se présente, vous devrez peut-être compter sur un certain nombre de personnes pour soutenir votre enfant à l'école.

- En premier lieu, le professeur.
- Le directeur ou son assistant, surtout pour les problèmes qui surviennent en dehors de la classe, comme le taxage, ou pour toute demande de changements significatifs concernant votre enfant.
- Le conseiller scolaire ou le psychologue de l'école, pour soutenir un enfant qui vit beaucoup d'anxiété et de stress, et pour aider ou évaluer l'enfant qui a des problèmes d'apprentissage.
- Le médecin de famille, le pédiatre, surtout si l'enfant se plaint de maux de tête, de douleurs au ventre ou d'autres symptômes. Les troubles de la vue, les allergies et les migraines en autobus sont des problèmes connus.
- Un psychologue ou un conseiller, pour un soutien individuel et familial.
- Un tuteur ou un professeur, pour des leçons particulières.

Mouiller son lit
rêver d'une nuit au sec

Pour Alain, l'apprentissage de la propreté ne s'est pas fait du jour au lendemain. À trois ans et demi, il était propre le jour, mais il devait porter une couche la nuit. Un an plus tard, il mouillait encore son lit la nuit.

Lorsque Alain a eu six ans, sa mère, Élisabeth, s'est vraiment inquiétée. Elle avait beau réduire la quantité de liquides qu'il buvait (rien après le souper) et lui rappeler d'aller aux toilettes juste avant de se coucher, Alain était toujours mouillé lorsqu'il se levait le matin. Lorsqu'elle essayait de le lever au milieu de la nuit pour aller aux toilettes, il arrivait qu'elle soit incapable de le réveiller ou que le lit soit déjà mouillé.

À six ans, les enfants ne devraient-ils pas être propres la nuit?

L'énurésie est un problème fréquent chez les jeunes, beaucoup plus fréquent qu'on ne le pense. À six ans, environ 8% des filles et 15% des garçons font encore pipi au lit. (Comme dans d'autres domaines, les garçons prennent plus de temps que les filles à devenir propres la nuit.) Sans traitement, ce problème ne touche plus qu'environ 1% des jeunes à l'âge de 15 ans. Il semble que l'énurésie soit héréditaire: si les deux parents mouillaient leur lit, l'enfant a 70% de probabilités d'avoir le même problème. Si seulement un des parents mouillait son lit, alors les probabilités sont de 40%.

(Élisabeth a découvert que le père d'Alain avait mouillé son lit jusqu'à l'âge de huit ans.)

Le fait de mouiller son lit peut être considéré comme un problème, certes, mais non pas comme le symptôme d'un trouble émotif ou physique quelconque, comme on le supposait il y a de cela plusieurs générations.

«Autrefois, on faisait passer toute une panoplie d'examens aux enfants qui mouillaient leur lit, explique l'urologue John Hambley. Maintenant, la plupart de ces cas ne sont même pas référés à un urologue et le médecin traitant fait simplement un examen général et une analyse d'urine afin de s'assurer qu'il n'y a aucun trouble physique. Dans la plupart des cas, il s'agit simplement d'un développement plus lent que la moyenne.»

Voici, selon le docteur Norman Wolfish de l'Université d'Ottawa, les trois principales causes de l'énurésie chez les enfants:

1) Un problème de contractilité infantile. La vessie d'un bébé se contracte souvent d'elle-même et, lorsqu'elle est remplie, les contractions se font plus fortes et l'urine s'écoule. Lorsque les enfants grandissent, des changements s'opèrent et ils arrivent à contrôler l'émission d'urine. Chez certains enfants, ce phénomène de contraction involontaire persiste plus longtemps, surtout la nuit.

2) Un faible taux d'une hormone antidiurétique chez les enfants qui mouillent leur lit. Les bébés produisent de l'urine au même rythme vingt-quatre heures par jour. Chez les adultes cependant, le taux de cette hormone est plus élevé dans leur système la nuit; donc, ils produisent moins d'urine la nuit. Certains enfants, qui prennent plus de temps à fabriquer un plus haut taux de cette hormone, continuent à produire une grande quantité d'urine pendant la nuit. Comme le souligne le docteur Hambley: «Lorsque ces enfants mouillent leur lit, ce n'est pas seulement quelques gouttes, c'est vraiment une inondation.»

Il existe un médicament sous forme de vaporisateur nasal, qui consiste en une forme synthétique de cette hormone et qui peut diminuer la production d'urine la nuit afin d'aider l'enfant à rester au sec. Plusieurs médecins ont trouvé ce médicament plutôt efficace bien qu'il ne le soit pas pour tous les enfants et malgré que, dès que ceux-ci arrêtent de le prendre, ils recommencent à mouiller leur lit. Le docteur Hambley trouve que c'est une solution pratique surtout lorsque les enfants vont dormir chez des amis ou qu'ils vont en camping.

3) Un problème de sommeil trop profond. Cette troisième cause a été le sujet de recherches par le docteur Wolfish. «Nous avons étudié des garçons qui avaient entre huit et douze ans, qui mouillaient leur lit et qu'il était difficile de réveiller une fois qu'ils étaient endormis.» Les chercheurs ont confirmé ce que disent depuis des années les parents d'enfants qui mouillent leur lit: «Ces enfants sont extrêmement difficiles à réveiller, voire impossibles.»

Normalement, les bébés et les très jeunes enfants dorment profondément, mais au fur et à mesure que l'enfant grandit, il se réveille plus facilement. Celui qui mouille son lit, cependant, continue à dormir profondément et est très difficile à réveiller. Même lorsque les chercheurs faisaient fonctionner des sonneries d'un niveau sonore de 110 à 120 décibels (aussi fort qu'un détecteur de fumée dans une maison), seulement 14% des enfants se réveillaient.

Le docteur Wolfish considère les conclusions de cette recherche comme très importantes parce qu'il devient évident que ceux qui mouillent leur lit «ne sont pas paresseux et ne le font pas dans le but d'ennuyer leurs parents. Ils n'ont tout simplement aucun contrôle là-dessus – ils ne peuvent pas se réveiller!»

Alors, que peuvent donc faire les parents d'un enfant qui mouille son lit? «C'est un problème de lessive, pas un problème de santé. La plupart des enfants s'en sortiront, même si vous ne faites rien», déclare le docteur Wolfish. Au plus, on peut faire porter à l'enfant qui se situe vers le début de ce groupe d'âge une couche-culotte la nuit, mais c'est une solution coûteuse. Il existe aussi un certain nombre de traitements qui peuvent être abordés avec votre médecin. Entre autres: un système d'alarme qui réveille l'enfant dès qu'il commence à uriner, des médicaments pour réduire la production d'urine et des exercices pour renforcer les muscles qui contrôlent la vessie et augmenter le volume de cette dernière.

Cependant, la partie la plus importante du traitement consiste à garder une attitude positive. Un lit mouillé peut effectivement être embêtant, mais il est important de ne pas jeter le blâme sur l'enfant ou de le mettre mal à l'aise puisqu'il est tout simplement incapable de se maîtriser. Songez donc à protéger le matelas d'une housse en plastique et à laisser en permanence, à côté du lit, une serviette et un pyjama propres afin que l'enfant puisse se changer s'il se mouille pendant la nuit.

Il est aussi très important de transmettre cette attitude positive à votre enfant. Rassurez-le en lui affirmant que ce n'est pas grave et que ce problème se réglera avec le temps. S'il est invité à coucher quelque part, parlez de son «problème» avec lui. C'est peut-être le bon moment pour utiliser le médicament, si le médecin de votre enfant l'a recommandé. Peut-être devrez-vous simplement avoir une conversation privée avec les hôtes pour les prévenir du problème et des précautions à prendre (ce problème est si fréquent que vous découvrirez peut-être qu'ils ont déjà vécu une telle expérience).

Et qu'en est-il d'Alain? Après l'examen médical qui a révélé que tout était normal, Élisabeth a tout simplement décidé d'attendre. À mesure qu'Alain vieillissait, il se mouillait de moins en moins souvent la nuit et, à neuf ans, ces épisodes étaient plutôt rares. Peu après le dixième anniversaire de son fils, Élisabeth s'est rendu compte qu'elle n'avait pas changé de lit mouillé depuis plusieurs mois. Tout comme la plupart des enfants, Alain avait enfin résolu son problème.

Est-ce que ça pourrait être un problème médical?

Environ 3% des enfants qui mouillent leur lit souffrent d'un problème médical ou sont atteints d'une anomalie physique. Dans la plupart de ces cas, cependant, d'autres signes sont aussi présents, comme se mouiller pendant la journée, avoir des infections urinaires à répétition ou d'autres symptômes. Une analyse d'urine peut révéler des troubles rénaux ou des infections. Il serait sûrement utile de faire examiner votre enfant si, après avoir été propre la nuit pendant des mois, il se remet mystérieusement à souvent mouiller son lit.

Quand faut-il agir?

La Société canadienne des pédiatres précise que, dans le cas d'un enfant qui mouille son lit, on ne devrait pas parler de problème avant cinq ans révolus chez les filles et six ans chez les garçons, à moins qu'on ait remarqué quelque chose d'inhabituel chez eux. Après cet âge, disent les pédiatres, on devrait respecter la sensibilité de l'enfant, puisque les traitements fonctionnent surtout pour ceux qui sont fortement motivés à les suivre. (D'un autre côté, la grande majorité des enfants s'en

sortiront graduellement même si vous ne faites rien.)
Alors, si votre enfant d'âge scolaire est mal à l'aise parce
qu'il mouille encore son lit et qu'il veut de l'aide pour
régler ce problème, il est peut-être temps d'en discuter
avec votre médecin de famille ou un pédiatre.

«On ne fait pas mal aux autres!»

maîtriser un comportement agressif

Billy et son frère Simon se poursuivent dans la cour devant chez eux en brandissant chacun une épée en bois. Lorsque Billy attrape Simon, il l'attache à un arbre avec la corde à sauter de sa sœur et menace de lui couper la tête. Deux minutes plus tard, Simon est libéré et dit à Billy qu'il va le capturer grâce à son lance-flammes magique, un verre en polystyrène peint en orange.

Jean-François et sa sœur Lina aiment lutter et chahuter. Lorsque leur père s'inquiète des cris qu'il entend, ils lui disent de ne pas s'en faire, qu'ils ne font que s'amuser.

Alex provoque souvent des bagarres avec les autres enfants à l'école. Lorsque Richard refuse de partager un de ses jouets avec lui, Alex s'en empare, le brise et se met à rire quand Richard pleure. Alex a aussi été cruel avec le chat de la famille, lui sautant délibérément sur la queue et le lançant dans les airs pour «voir s'il allait retomber sur ses pattes».

Billy, Simon, Jean-François et Lina ont probablement des comportements normaux (même s'il est évident que Billy et Simon regardent beaucoup la télévision).

Mais Alex semble avoir un problème d'agressivité, selon les critères d'évaluation de la psychologue pour enfants Sarah Landy, laquelle dirige un programme pour les parents d'enfants qui démontrent un comportement agressif (Hinck's Centre for Children's mental Health à Toronto).

Quels sont les comportements agressifs qui devraient inquiéter les parents et les inciter à demander de l'aide? Selon Sarah Landy, les parents devraient consulter un professionnel lorsque leur enfant d'âge scolaire pose, régulièrement, les gestes suivants:

- Tape, mord, griffe et lance des objets lorsqu'il est fâché.
- Est cruel envers les autres et ne tient pas compte des besoins et des préoccupations des autres.
- Blesse intentionnellement des animaux sans raison particulière.
- Détruit les jouets et autres objets.

«Lorsqu'un enfant fait preuve d'un comportement agressif anormal, il est très important d'intervenir rapidement, car près de 50% de ces enfants continueront à avoir des problèmes en vieillissant et pourront, selon des études, finir par s'attirer des ennuis sur le plan juridique», explique Sarah Landy.

La travailleuse sociale Linda Maxwell est venue en aide à plusieurs parents dont les enfants avaient ce genre de problèmes grâce à un programme qui était autrefois offert à Simcoe en Ontario. Linda Maxwell affirme: «Il est normal pour des enfants de se courir après, de lutter, de chahuter, tout comme il est normal pour des enfants de deux ans de se taper dessus avec un jouet. Mais lorsque l'enfant le fait non pas par jeu, mais pour faire mal, ou lorsque le jeune de six ans continue à taper sur la tête des autres enfants, alors les parents devraient s'inquiéter.»

Sarah Landy insiste sur le fait que pour maîtriser l'agressivité d'un enfant, il ne suffit pas seulement de trouver les moyens d'arrêter un comportement en particulier. «Jusqu'à maintenant, on a eu tendance à ne traiter que le comportement. Mais c'est beaucoup plus compliqué que ça. Il existe toutes sortes de raisons sous-jacentes qui expliquent ce type de comportement chez l'enfant, et nous devons nous y attaquer.»

Son programme, d'une durée de 20 semaines, est, selon elle, très complexe. Les parents étudient le développement de l'enfant et apprennent comment lui enseigner à maîtriser la colère, résoudre les problèmes et améliorer ses relations avec les autres. Comme le dit si bien Linda Maxwell: «Tout le monde a en soi un certain degré d'agressivité; il arrive à chacun de se sentir parfois fâché, parfois frustré. Dans mon cabinet, les enfants apprennent d'autres façons d'extérioriser leurs sentiments – par l'exercice physique, l'art, l'écriture et la sculpture (avec de la pâte à modeler). Enseigner uniquement comment gérer la colère, c'est comme mettre un diachylon sur une tumeur cancéreuse – il faut aussi s'occuper des causes sous-jacentes des problèmes de l'enfant.»

Quelles sont ces causes? Sarah Landy explique qu'il existe différentes causes possibles et que les parents doivent souvent s'attaquer à plusieurs choses en même temps. Elle ajoute: «Certains parents entrent dans un cycle qui va à l'encontre du but recherché. L'enfant se conduit mal et les parents, voulant faire cesser son comportement, le punissent. L'enfant se sent alors rejeté et il se conduit encore plus mal. Les parents le punissent plus sévèrement; et le cycle recommence. Nous tentons donc de le briser en suggérant différentes approches.»

«Se réserver une courte période (10 à 15 minutes) deux ou trois fois par semaine rien que pour jouer avec l'enfant. C'est lui qui choisit le jeu ou l'activité; le parent ne fait que suivre ses consignes. Cette approche peut favoriser une relation plus positive et réduire le stress dans la famille.» Cela peut sembler trop simple, car nous passons déjà beaucoup plus de temps que ça à jouer avec nos enfants. Mais si nous faisons une priorité de ces moments agréables, intimes et remplis d'attention, cela peut cependant faire toute une différence. Linda Maxwell suggère aux parents, qui sont aux prises avec le comportement agressif d'un enfant, de limiter le temps que ce dernier passe devant le téléviseur (voir le paragraphe suivant), d'encourager des jeux actifs et d'avoir une attitude positive dans leurs propres relations avec l'enfant. Lorsque le comportement de l'enfant semble se détériorer, il peut être valable de lui démontrer davantage d'affection.

Linda Maxwell, tout comme Sarah Landy, insiste sur la nécessité de chercher de l'aide si le problème persiste. «Si vous vous inquiétez, si vous pensez qu'il peut y avoir un problème, vous devriez discuter du comportement de votre enfant avec un professionnel en santé mentale, dit Linda Maxwell. Cette situation sera beaucoup plus sérieuse et difficile à contrôler lorsque votre enfant aura 16 ans et mesurera 1,80 m.»

Qu'en est-il de la télévision?

La psychologue pour enfants Sarah Landy est fermement convaincue qu'une trop forte dose d'émissions de télévision violentes peut mener à un comportement de plus en plus agressif chez les enfants. «Les enfants apprennent de ces émissions qu'on obtient ce que l'on veut par la violence. Cela devient normal, acceptable. Je pense que notre société tolère beaucoup trop la violence et l'agressivité, et que les enfants assimilent cela naturellement.»

Des recherches laissent croire qu'il existe un lien entre la violence à la télévision et le comportement agressif des enfants. Tandis que la plupart des jeunes so-

114

cialement équilibrés sont imperméables à la violence qu'ils voient à la télévision, ceux qui démontrent des comportements coléreux et agressifs peuvent y être particulièrement vulnérables. Limiter chez ces enfants le temps passé devant le téléviseur et superviser la qualité des émissions qu'ils regardent diminueront les risques d'une influence potentiellement mauvaise et leur laisseront plus de temps pour jouer à des jeux plus créatifs.

Quand la taquinerie devient un problème

Il peut être extrêmement douloureux pour un parent de voir son enfant victime de moqueries. Les blessures ainsi infligées à notre enfant ne peuvent pas être soignées simplement par un diachylon ou par un baiser, et nous aimerions trouver le moyen de le protéger de la peine que peuvent causer les paroles blessantes des autres enfants.

«Mais c'est probablement impossible», dit Joanne Tee (directrice du Counselling Services at Family Services of Hamilton-Wentworth). Vers l'âge de cinq ans, il est très fréquent que les enfants se taquinent entre eux et ce, jusqu'à l'adolescence. Bien peu y échappent et ceux qui, d'une certaine façon sont «différents», en souffriront probablement plus que les autres.

Comment un parent peut-il aider un enfant qui est victime de moqueries? «Il est tout d'abord important de lui démontrer que vous l'aimez pour qui il est. Réconfortez-le; ne le critiquez pas! Par exemple, si l'on se moque de votre fils parce qu'il est gros, ce n'est pas le temps de lui suggérer de suivre un régime et de faire plus d'exercice.»

Joanne Tee suggère plutôt de le réconforter par une parole gentille: «Les gens doivent t'aimer pour qui tu es et non pour ton apparence.» Vous pouvez aussi aider l'enfant à trouver quelques réponses aux quolibets qu'on lui sert: «Je n'aime pas ça quand tu me traites de la sorte et je ne jouerai plus avec toi si tu recommences.» Joanne Tee précise que le parent doit alors être prêt à jouer avec son enfant ou à l'aider à trouver d'autres façons de s'occuper si les moqueries persistent.

La situation est tout aussi difficile pour les parents lorsque c'est leur enfant qui se moque des autres. Joanne Tee rappelle aux parents que: «Les enfants ne se moquent pas sans raison. L'enfant qui se moque le fait soit parce qu'il se sent blessé, fâché, tenu à l'écart, ou parce qu'il est malheureux, et ce, sans qu'il y ait nécessairement un rapport avec l'enfant dont il se moque. Souvent, un grand qui aura vécu une mauvaise expérience à l'école, par exemple, se défoulera sur son frère ou sa sœur plus jeune que lui en rentrant à la maison. Cela n'a rien à voir avec l'enfant plus jeune; le grand s'en prend tout simplement à lui parce qu'il se sent rabaissé.»

Joanne Tee suggère que les parents s'occupent tout d'abord des sentiments sous-jacents à la moquerie: la peine et la colère. «Si vous arrivez au moment où votre enfant se moque d'un autre enfant, ne vous fâchez pas et ne le disputez pas. Dites-lui que vous vous souciez de la façon dont il se sent, de ses sentiments. Aidez-le à identifier ce qu'il ressent. Dites-lui: "Tu m'as l'air vraiment fâché!"»

Cela ne veut pas dire, précise-t-elle, que vous devez «permettre» son comportement ou l'ignorer. Plus tard, lorsque le calme sera revenu, les parents pourront parler de leur inquiétude: «Je n'aime pas ça quand tu te moques de quelqu'un; tu le blesses.» Rappelez-lui comment il se sent lorsqu'on se moque de lui. Vous pouvez aussi lui faire remarquer que cette façon d'agir pourrait lui coûter l'amitié de ses amis.

Si votre jeune enfant se moque d'un enfant handicapé ou d'une autre ethnie ou religion que la sienne, il est important de faire un peu d'éducation: un livre ou deux bien choisis, une vidéo sur une autre religion ou un autre pays, la visite d'un lieu de culte différent du sien – tout ce qui peut aider votre enfant à apprendre que les différences doivent être valorisées, et non condamnées.

Joanne Tee insiste pour dire que même si les parents ne peuvent pas entièrement éliminer la peine créée par une moquerie, ils peuvent en diminuer sérieusement l'impact en encourageant leur enfant et en l'assurant qu'ils l'aiment pour ce qu'il est.

«Dans ce coin»
enseigner le combat loyal

Il faisait beau, les enfants s'étaient amusés avec les cochonnets et nous avions passé un moment agréable à la ferme de mes parents, mais il était temps de rentrer: une longue route nous attendait. Nous étions partis depuis une heure quand tout a commencé. Quelqu'un avait reçu un coup. Daniel regardait par la fenêtre du côté de Jérémie qui tenait bien serré tous les crayons et refusait de lui passer le rouge. En peu de temps, une bagarre a éclaté. Les deux plus vieux s'en sont mêlés et moi, je cherchais désespérément à quitter l'autoroute.

Les enfants ne se disputent pas seulement en voiture. Ils le font à la maison, au terrain de jeu, au supermarché; ils se bagarrent avec leurs frères et sœurs, leurs cousins, leurs amis et leurs camarades de classe.

John Macmillan (Family Services of Peel) dit: «Si vous avez plus d'un enfant, vous pouvez vous attendre à ce qu'il y ait des bagarres.»

Il voit cependant un bon côté à ces querelles qui rendent les parents complètement fous. «Les enfants se bagarrent parce qu'ils sont en train d'apprendre à interagir avec les autres, explique-t-il et le fait de savoir se battre de façon loyale les aidera dans leurs relations avec d'autres personnes. Les parents peuvent encourager ce processus et réduire le nombre de disputes en enseignant à leurs enfants comment résoudre des problèmes.»

«Les enfants ont besoin de savoir quoi faire quand ils sont en colère, affirme John Macmillan. Vous pouvez demander à l'enfant qui est fâché: "Que veux-tu exactement?" S'il répond: "Je veux qu'il me rende mon jouet", demandez-lui comment il croit pouvoir le récupérer. Par des insultes? Par des menaces? Donnez-lui une idée de ce que c'est que d'être à la place de l'autre enfant.»

Cette approche enseigne aux enfants à négocier plutôt qu'à frapper. John Macmillan recommande de suggérer aux enfants un grand nombre de choses qu'ils pourraient faire au lieu de frapper.

«Aidez-les à exprimer ce qu'ils ressentent en les écoutant attentivement et en vérifiant avec eux si vous avez bien compris ce qu'ils disent. Vous pouvez dire: "On dirait que tu es vraiment fâché à ce sujet." Cela produit deux effets: l'enfant sait qu'il a été bien compris et, en plus, ça lui donne le vocabulaire pour décrire ce qu'il ressent.»

Bien sûr, avant que l'enfant puisse parler de façon cohérente de son problème, il doit se calmer. «Et c'est plus facile de calmer l'enfant, dit John Macmillan, si vous êtes calme vous-même. Posez une main sur l'épaule du jeune ou serrez-le contre vous et suggérez-lui de respirer profondément. Lorsqu'il aura réussi à se maîtriser, vous pourrez discuter du problème.»

D'autre part, les parents ne devraient pas toujours intervenir dans les bagarres. Selon John Macmillan, le fait d'accorder trop d'attention à une bagarre peut tout simplement l'encourager. Il conseille de faire fréquemment valoir les moments où les enfants ont bien joué ensemble et ont résolu leurs désaccords.

Quand les parents devraient-ils donc intervenir?

«Tout d'abord, il faut distinguer les vraies batailles de celles qu'ils font par jeu. Si deux enfants se chamaillent et qu'aucun d'eux ne semble fâché, ils ne font probablement que jouer et vous pouvez les ignorer, dit John

Macmillan. Et s'ils tentent de régler leurs différends, alors que la situation semble tendue, ils apprennent un comportement social très important. Donc, ne vous en mêlez pas. Vous interviendrez lorsqu'un enfant sera en danger, risquera d'être blessé soit sur le plan physique soit sur le plan émotif.»

John Macmillan insiste aussi sur le fait que vous devez connaître votre enfant. Car une insulte peut ne pas toucher un enfant et avoir un effet dévastateur sur un autre.

Si vous devez intervenir lorsqu'un enfant en insulte un autre, John Macmillan suggère que vous disiez: «Je n'ai jamais accepté que quelqu'un te dise cela, alors je ne veux pas que tu traites ta sœur ainsi.» Intervenir de cette façon rappelle à celui qui insulte que vous vous souciez de lui, même si vous n'approuvez pas la façon dont il a agi.

Les parents doivent aussi transmettre des messages cohérents en ce qui concerne les bagarres. Il est certes utile d'énoncer que «les gens ne sont pas faits pour se bagarrer», afin de rappeler à vos enfants qu'ils doivent utiliser des mots pour exprimer ce qu'ils ressentent et de leur montrer à négocier. Mais vous ne devez pas oublier que les enfants surveillent aussi attentivement la façon dont les parents se comportent et résolvent leurs désaccords. Vous devrez peut-être revoir votre propre façon de «lutter loyalement».

Dans certaines situations, vous devrez peut-être faire preuve d'imagination pour régler des conflits entre les enfants. De toutes façons, il est impossible d'éliminer totalement les bagarres. Se chamailler fait partie de l'apprentissage de la vie. On ne peut apprendre certaines choses qu'en les expérimentant.

John Macmillan se souvient d'une balade en voiture au cours de laquelle ses trois plus jeunes se cha-maillaient. Il a évité de jeter le blâme sur l'un d'eux, a quitté l'autoroute et s'est arrêté à une halte routière. Les enfants étaient tous assis, silencieux, se demandant ce qui allait arriver.

«Je crois que ça fait trop longtemps que vous êtes en voiture, leur a dit John Macmillan, et que vous avez besoin d'un peu d'exercice. On va s'arrêter un moment et vous allez courir un peu.»

Tandis que les enfants couraient sur le parcours gazonné, ils ont oublié peu à peu le sujet de leurs chamailleries. Le père a choisi la tactique de diversion comme moyen de résoudre le conflit.

«Ce n'était pas une punition, précise John Macmillan. Ils avaient vraiment besoin de se défouler. Et lorsqu'ils ont été bien fatigués, ils sont montés en voiture en riant et bien détendus. Le reste du voyage s'est fait sans problème.»

Cinq techniques pour gérer les bagarres des jeunes

Dans son livre *C'est pas juste! Comment gérer les conflits entre frères et sœurs* (Flammarion, 1997), Nancy Samalin résume les approches que les parents trouvent les plus efficaces quand vient le temps d'intervenir dans les bagarres d'enfants (plus souvent entre frères et sœurs, mais aussi entre amis, camarades de classe et cousins).

Faire subir les conséquences à tous ceux qui sont impliqués; pas seulement aux agresseurs les plus manifestes. Par exemple: «Hé! Pas de coups! Chacun va réfléchir un peu dans sa chambre.»

La clarification: plutôt que de donner des ordres vagues, tels que: «Calmez-vous!» ou «Soyez gentils», tentez d'être plus spécifique: «Je veux que vous vous assoyiez tous les deux sur une chaise et que vous restiez un peu tranquilles avant d'allumer la télé.» Nancy Samalin suggère de «dire d'une façon impersonnelle et concrète ce que vous voulez».

La négociation: elle ne fonctionnera pas lorsque les enfants sont furieux l'un contre l'autre. Mais s'ils sont relativement calmes, dites: «Vous allez régler ça entre vous, avec des mots.» Vous pouvez ajouter: «Vous me direz ce que vous avez décidé et, si vous avez besoin d'aide, je suis là.»

La distraction: ont-ils vraiment besoin de se bagarrer pour savoir qui a mangé le plus d'arachides? Non! ils doivent laisser tomber et passer à autre chose. Faites diversion avec un goûter, une activité ou une blague, ou séparez-les tout simplement.

Le pouvoir: lorsqu'un enfant vient vous voir en sanglotant pour chercher du réconfort parce qu'on s'est moqué de lui ou qu'on l'a insulté, il est tentant de prendre son parti et de condamner la personne qui l'a insulté. Mais vous pouvez faire mieux pour rehausser sa confiance en soi: «Est-ce que tu te trouves stupide? Je ne le crois pas, et je ne pense pas que tu le sois. Regarde comme tu sais bien lire et comme tu as fait ce casse-tête en un rien de temps. Marco n'aurait pas dû te dire ça et s'il l'a fait, tu n'as pas à le croire.»

le saviez-vous?

«Je vais le dire!»

Même si le commérage est fréquent chez les enfants d'âge scolaire, ce n'est pas une habitude que les parents doivent encourager à long terme. Non seulement cela vous rend fou qu'on vous dénonce la moindre petite contravention (qui est automatiquement niée par l'accusé), mais vous voulez que votre enfant apprenne à régler ses problèmes lui-même.

D'autre part, vous aimeriez que votre enfant vous le rapporte lorsqu'une situation est dangereuse ou lorsqu'il est incapable d'y faire face tout seul. Trop souvent, par exemple, nous entendons parler d'enfants qui endurent des années de taxage parce qu'ils ne veulent pas rapporter. Ces jeunes ont vraiment besoin de la protection d'un adulte. Comment pouvons-nous amener les enfants à faire la différence entre commérer et rapporter?

Debbie Wright, qui est devenue la belle-mère de quatre enfants il y a cinq ans, a remarqué que les enfants de cet âge étaient vraiment à cheval sur les règlements. Pour elle, la meilleure façon de régler les problèmes de commérage a été d'instaurer une loi là-dessus: «Notre loi stipule que nous n'acceptons aucun commérage à moins qu'il y ait des risques de blessures ou que la situation soit dangereuse.»

Susan Clarke, une enseignante de deuxième année, discute avec ses élèves de la différence qui existe entre commérer et ce qu'elle appelle «rapporter». Elle explique aux élèves que le commérage est souvent fait dans le but de nuire à une autre personne. Mais rapporter une situation importante peut prévenir les problèmes ou les limiter; si un enfant est en danger, par exemple.

Plus souvent qu'autrement, cependant, un enfant se plaindra qu'un autre lui a fait mal ou a pris quelque chose qui lui appartenait. «Cela peut ressembler un peu à du commérage, mais c'est plutôt un appel à l'aide pour faire face à la situation, explique Susan Clarke. Ces situations sont de bonnes occasions pour enseigner à l'enfant comment se comporter avec les autres.» Sa première réaction dans un tel cas sera de demander au jeune ce qu'il a fait pour tenter de régler le problème. S'il n'a même pas discuté avec ceux qui y sont impliqués, Susan Clarke le renverra pour discuter de la situation. Si l'enfant est vraiment incapable de résoudre le problème seul, alors elle l'aidera.

lectures

Lectures recommandées

Quelques lectures pour aider les parents aux prises avec «ces bagarres qui les rendent fous».

- Adele Faber et Elaine Mazlish, _Jalousies et rivalités entre frères et sœurs: comment venir à bout des conflits entre vos enfants_, Paris, Stock, 1989.
- Robert Bélanger, _La jalousie entre frères et sœurs_, Montréal, Les Éditions Robert Bélanger, 1984.

La vérité sur les petits mensonges
pourquoi les enfants mentent

Michaël, six ans, revient de l'école et annonce tout fier que c'est lui qui lit le mieux en classe. Vous savez qu'il ne maîtrise pas vraiment la lecture et qu'il ne vous dit pas la vérité.

Hannah, sept ans, sort de la cuisine l'air coupable. Vous vous apercevez qu'il manque un biscuit sur le comptoir. «As-tu pris un biscuit, Hannah?» lui demandez-vous. Elle vous assure que non, mais vous savez qu'elle ment.

Pourquoi les enfants mentent-ils? Dans sa chronique intitulée «Le mensonge» (*Le Magazine Enfants Québec*, décembre-janvier 1998), Jo-Ann Benoît, travailleuse sociale et conférencière, énumère les diverses raisons qui poussent l'enfant à mentir. Parmi celles-ci, l'auteure explique qu'il arrive que l'enfant mente pour se protéger d'une situation qu'il perçoit comme menaçante. Mentir peut aussi être une façon de fuir ses responsabilités ou d'échapper à une tâche, tandis que certains mensonges servent à obtenir quelque chose ou arriver à ses fins. L'enfant ment parfois aussi par imitation. Joanne Gusella, psychologue clinique (Izaak Walton Killam Children's Hospital, de Halifax), affirme que ce n'est pas si simple avec les enfants qui ont entre six et huit ans, parce qu'il est souvent difficile pour eux de faire la différence entre les faits et la fantaisie. Elle cite une étude qui révèle que seulement 18% des enfants de six ans connaissent cette différence; et ce ne serait que vers l'âge de neuf ans que la majorité d'entre eux comprendraient que Cendrillon et les géants ne sont pas réels, par exemple.

Cette psychologue cite aussi une recherche sur les étapes du développement moral: «Les enfants de ce groupe d'âge sont à l'étape préconventionnelle. Cela veut dire que pour eux, le vrai et le faux sont déterminés par les conséquences. Si la conséquence de dire un mensonge semble meilleure que celle de dire la vérité, alors l'enfant sera fortement motivé à mentir.»

En raison de cette phase normale du développement infantile, Joanne Gusella estime que les parents s'inquiètent bien souvent sans raison lorsqu'ils prennent leur enfant à mentir.

Voici ce qu'elle suggère pour encourager l'honnêteté chez les jeunes. Tout d'abord, souvenez-vous que les enfants sont comme des magnétoscopes. Tout ce qu'ils voient et entendent est enregistré et éventuellement rejoué. Si vous avez dit des petits mensonges sans conséquence (par exemple que votre enfant de six ans en avait cinq, afin de ne pas payer le plein tarif dans l'autobus), votre enfant aura l'idée qu'il est bien de mentir.

Évitez d'exercer trop de pression sur un enfant. Cela peut avoir pour effet secondaire de l'encourager à mentir. Lorsque Michaël dit à ses parents qu'il est celui qui lit le mieux en classe, c'est peut-être sa façon à lui d'essayer de répondre à leurs attentes. Il veut vraiment être capable de bien lire, alors il prétend qu'il le fait et espère plaire à ses parents en leur racontant son histoire. Il est important que votre enfant sache que vous l'aimez tel qu'il est et que vous seriez plus heureux d'entendre la vérité, même si elle est moins impressionnante.

L'enfant qui se sent coincé peut aussi mentir. Si vous

êtes certaine que Hannah a pris le biscuit, ne la questionnez pas. Si elle voit que vous êtes fâché, elle sera encore plus tentée de mentir. C'est beaucoup mieux de lui faire comprendre que vous savez la vérité et de lui expliquer les conséquences de son mensonge (elle sera privée de biscuits après souper, par exemple, tandis que le reste de la famille en aura).

«Si votre enfant ment souvent, vous devez découvrir la raison qui le porte à mentir. Pour ce faire, examinez les suites de ses mensonges, dit Joanne Gusella. Votre enfant ment-il pour éviter d'être puni ou pour impressionner les autres? Ces situations devront être traitées différemment l'une de l'autre.»

Les enfants «exagèrent souvent la réalité» afin d'impressionner leurs amis ou la famille, dit-elle. Dans ces situations, Joanne Gusella raconte aux enfants l'histoire du petit garçon qui criait au loup. «C'est un excellent moyen de leur faire comprendre de façon indirecte que les autres finissent par ne plus nous croire quand on leur ment.»

Si vous pensez que votre enfant ment pour éviter d'être puni, vous devez vous demander si vos punitions ne sont pas trop sévères. Au lieu de le disputer, pourquoi ne pas le récompenser lorsqu'il vous dit la vérité? Par exemple, si vous demandez à votre enfant qui a renversé le jus de raisin sur le tapis blanc et que votre fils de huit ans admet que c'est lui, vous pouvez dire: «Ç'a dû être difficile pour toi de dire la vérité, surtout quand tu as vu que j'étais vraiment très fâché. Tu m'impressionnes. Je vais venir t'aider à nettoyer.» Vos bons mots et votre empressement à l'aider à tout nettoyer l'encourageront à dire la vérité la prochaine fois.

Il est aussi important que les parents soient des modèles d'honnêteté en faisant montre de cette qualité dans leur propre comportement. Dans son livre, Paul Ekman admet: «Pendant toute une semaine, j'ai vraiment fait attention à mon comportement. Je me suis vu raconter huit mensonges, dont deux à mes enfants. Ce n'étaient que des petits mensonges sans conséquence. Par exemple, j'ai dit à l'agent de stationnement que je n'étais resté qu'une minute dans le magasin.»

L'enfant qui observe un tel comportement peut avoir de la difficulté à comprendre pourquoi vos mensonges sont bien et pas les siens. Si vous avez le droit de mentir à l'agent de stationnement pour éviter d'être puni et d'avoir une contravention, pourquoi alors est-ce mal lorsque Hannah affirme ne pas avoir pris de biscuit afin d'éviter d'être punie?

«On ne peut pas considérer les enfants comme des adultes miniatures, rappelle Joanne Gusella. Il leur faut du temps pour comprendre le concept d'honnêteté et pour apprendre à dire la vérité. Ils ont besoin de notre aide pour développer ces qualités, et nous devrons peut-être changer nos propres façons d'agir afin d'être de bons exemples pour eux.»

Raconter des histoires à dormir debout

Un petit garçon fait l'étonnement de notre famille tant il déborde d'imagination dès qu'il raconte quoi que ce soit. Ce ne sont pas tant des mensonges que des embellissements. «Oh, oui! Ryan est allé à un match de boxe une fois, et l'un des boxeurs est allé le voir et le père de Ryan a avancé la main pour le toucher et le boxeur l'a fait voler dans l'allée!» Où finit la vérité et où commence la fantaisie? Nous n'en sommes jamais vraiment certains.

Doit-on s'inquiéter des valeurs apprises par cet enfant? Pas du tout. Il ne ment pas pour nuire à d'autres enfants. Il n'exagère pas non plus ses propres prouesses et ne tente pas de devenir le centre d'intérêt. Il est gentil, bien élevé, et, selon moi, il adore les bonnes histoires. Il aime tout simplement se laisser emporter par son imagination.

Certains enfants racontent beaucoup d'histoires exagérées parce qu'ils ont besoin d'échapper à leur réalité ou parce qu'ils cherchent désespérément à attirer l'attention. Ces enfants ont besoin d'aide. Cependant, si votre enfant est heureux et s'il fonctionne bien, il n'y a aucune raison de vous inquiéter parce qu'il aime adapter la réalité. Après tout, c'est ce que font les grands écrivains. Vous avez peut-être là une Agatha Christie (ou un Steven Spielberg) en herbe!

trucs & conseils

La tricherie

Tricher est un comportement qui peut aller de pair avec le commérage et, très tôt, les enfants d'âge scolaire peuvent être particulièrement tentés de le faire.

Kathy Lynn, éducatrice et parent, déclare que le fait de tricher à l'occasion peut n'être qu'un comportement passager. «Mais si c'est le comportement habituel de votre enfant, alors vous devez songer aux raisons qui le poussent à agir ainsi.» Si votre enfant triche à l'école, par exemple copie les réponses d'un autre élève, cela demandera de votre part une attention particulière (et une discussion avec le professeur), car cela peut vouloir dire au départ qu'il trouve le travail trop difficile ou qu'il n'arrive pas à l'organiser et à s'en souvenir.

Les enfants de cet âge sont souvent attirés par des jeux de cartes et des jeux de société, mais il n'en demeure pas moins que beaucoup trouvent difficile de perdre. Lorsqu'ils sont ensemble, ils voudraient tous gagner, bien entendu. Et dans de telles conditions, le fait de tricher peut entraîner des bagarres. Voici quelques suggestions.

- Si les joueurs sont d'âges différents, tentez d'équilibrer le jeu dès le début. Un adulte qui joue aux échecs avec un enfant peut accepter de laisser quelques chances à l'enfant. Vous pouvez former des équipes en mélangeant les plus vieux avec les plus jeunes.
- Créez une version coopérative du jeu, pour éviter que l'accent ne soit mis sur le fait de gagner ou de perdre. Essayez, par exemple, de privilégier le meilleur score de groupe au scrabble.
- Lorsque le jeu commence à se détériorer par des accusations de tricherie, des dénis et des larmes, Kathy Lynn suggère d'offrir un choix aux enfants. «Dites-leur de s'organiser pour ne pas faire d'histoire ou tout simplement de cesser de jouer. Les enfants décideront parfois de modifier les règlements pour que le jeu leur convienne mieux et c'est très bien. Mais d'autres fois vous n'aurez pas d'autre possibilité que de mettre le jeu de côté et de demander aux enfants de faire autre chose.»
- Lorsque votre enfant sera sur le point de changer de groupe d'âge, les jeux de compétition seront populaires, mais pas les «mauvais joueurs» et les tricheurs. Si votre enfant de huit ans triche si souvent que ça lui crée des problèmes sociaux avec ses pairs, vous devriez peut-être chercher conseil auprès d'un conseiller pédagogique ou d'un autre professionnel.

Les colères refont surface
les crises des enfants d'âge scolaire

Vous avez probablement entendu parler de la période difficile des deux ans et des années de rébellion de l'adolescence. Mais il existe un autre âge qui peut être un peu plus stressant que d'habitude pour les parents. Comme l'explique Barbara Coloroso, oratrice internationale et auteure: «À deux ans, les enfants se rebellent contre leur mère. À cinq ou six ans, ils se rebellent contre leurs parents. À la puberté, ils se rebellent contre tous les adultes.»

Quel soulagement pour Rita Brabant d'entendre ça, elle qui se demandait si sa fille, Lucie, était la seule enfant de presque six ans à vivre un changement radical de personnalité. «Nous avons certaines habitudes et attentes dans notre famille, et dès l'âge de trois ou quatre ans, Lucie les a toujours respectées, raconte Rita. Mais, tout à coup, à cinq ans neuf mois très exactement, elle s'est mise à refuser de faire son lit et même de suspendre son blouson.»

Ces habitudes étaient bien établies depuis plusieurs années, affirme Rita, et elle a été la première surprise lorsque les tâches routinières sont devenues un véritable sujet de bataille. «Lucie avait réponse à tout, et si j'avais le malheur de lui demander la moindre petite chose, suspendre son manteau par exemple, elle s'écriait que j'étais toujours sur son dos et que je ne l'aimais pas, et elle se mettait à pleurer comme une Madeleine», se souvient Rita.

Parfois, il lui semblait que Lucie ne respectait plus aucune règle. Elle refusait de se brosser les dents, ne voulait pas aller se coucher à l'heure prévue, argumentait sur tout et sur rien. Se préparer pour aller à l'école le matin était aussi devenu une source de stress constante, car Lucie était plus lente qu'un escargot.

«Dès qu'elle voulait avoir quelque chose, elle le demandait avec insistance, parfois jusqu'à cinquante fois de suite, même si je lui disais non ou qu'elle devait faire autre chose avant d'avoir ce qu'elle voulait. Son comportement me rendait complètement folle.»

Rita s'est aperçue que ces luttes avec sa fille la dépassaient complètement et qu'elle y réagissait sans trop réfléchir. Avec un peu de recul et après avoir étudié la situation, elle a réussi à identifier certaines causes au comportement de sa fille. L'une d'elles étant l'adaptation à la première année d'école.

La professeure de Lucie lui affirma que son enfant était un ange à l'école, qu'elle écoutait bien et qu'elle suivait le règlement à la lettre. Elle était tout le contraire à la maison. Parce que c'était au moment où elle rentrait à la maison que le comportement de Lucie se détériorait, Rita en a donc déduit que sa fille était peut-être fatiguée, et surtout, fatiguée d'être gentille toute la journée à l'école.

À partir de cet instant, elle s'est alors mise à préparer un délicieux goûter pour Lucie lorsqu'elle arrive après sa journée de classe, et à lui laisser un peu de temps pour se détendre. Elle a aussi décidé de l'aider le matin en lui offrant certaines options. Par exemple, elle ferait le lit de sa fille mais, chaque fois, elle prélèverait 25 ¢ sur son argent de poche.

«J'ai essayé de ne pas laisser ces petits problèmes dégénérer en batailles sans trêve, explique Rita. Nous avons encore des crises, mais elles n'ont plus la même intensité.»

Les enfants de l'âge de Lucie ne revendiquent pas tous leur indépendance avec autant de vigueur. Une recherche de la docteure Stella Chess (New York University School of Medicine) indique que certains enfants sont tout simplement nés avec des tendances à la colère. Ceux qui ont un tempérament vif réagissent à tout avec beaucoup plus d'énergie et sont plus enclins à faire des colères, explique-t-elle. Puisque ces enfants ont aussi des réactions physiques différentes au stress, la docteure Chess croit que la biologie a quelque chose à voir avec le changement de personnalité. Elle suggère donc de tenter de connaître les situations et les circonstances qui risquent de déclencher une colère chez l'enfant et de les éviter ou de se préparer à soutenir l'enfant dans ces périodes de crise.

Barbara Coloroso ajoute que les parents d'un enfant comme Lucie, qui n'est pas soumise à six ans, découvriront souvent que la nature indépendante de leur jeune est un trait positif à l'adolescence. Lucie ne se laisse pas facilement mener par ses parents, et ne se laissera probablement pas mener facilement par ses pairs à l'adolescence.

Même si Rita trouvait rassurant de savoir qu'il était fréquent, à l'âge de Lucie, qu'un enfant qui avait son type de personnalité fasse des crises, elle avait toujours de la difficulté à les supporter. «Les mères sont fatiguées, elles aussi, à la fin de la journée», souligne-t-elle. Rita tente de se convaincre que cette période passera, comme toutes les autres. Elle remarque avec humour: «Comme pour bien des périodes, au moment où vous vous dites que vous n'en pouvez plus et que vous êtes prêt à donner votre enfant au premier venu, les choses rentrent dans l'ordre.»

«L'important dans tout ça, ajoute-t-elle, c'est de

traverser ces crises sans briser l'élan d'indépendance de votre enfant ou de réduire sa confiance en soi à néant ou la vôtre.»

Attention, colère à l'horizon: les crises des enfants d'âge scolaire

C'est bien difficile de calmer un enfant de deux ans qui donne des coups de pied et qui hurle. Mais les colères des enfants d'âge scolaire sont absolument épuisantes. Cependant, un mélange de sympathie (pour les sentiments) et d'autorité (en ce qui touche les règles et les limites) vous aidera à les supporter.

Voici quelques suggestions de stratégies qui ont été utilisées par d'autres parents:

- Ignorez-la. Dans le cas de certains enfants, ignorer une colère est ce qui fonctionne le mieux, même si pour cela vous devez aller dans une autre pièce. Avoir un auditoire semble tout simplement les encourager à continuer. Une fois la colère calmée, vous pouvez voir si votre enfant a besoin de réconfort ou simplement de passer à une autre chose.

- Servez-vous du contact physique. Certains enfants peuvent avoir besoin de l'aide d'un adulte pour parvenir à se dominer. Faire un câlin, ou frotter le dos ou le bras, rester calmement près d'eux, cela peut aider à les stabiliser.

- Réagissez dès les premiers signes. Une colère peut parfois être apaisée par un humour gentil (cela ne veut pas dire se moquer ou imiter!) ou en offrant une autre possibilité: «Hé, là! Ne te fâche pas contre moi! Préférerais-tu prendre ta douche demain matin plutôt que ce soir?» Lorsque la colère bat son plein, par contre, cette approche ne donne bien souvent aucun résultat.

- Ne cédez pas à une colère. Même à cet âge, les crises sont habituellement l'expression réelle de frustrations et de colère plutôt qu'une tentative délibérée de manipuler un parent. Mais lorsque les parents sont assaillis par les cris et la fureur, la tentation de capituler est forte: «Arrête de crier comme ça, veux-tu? Si c'est si important pour toi, je crois que tu peux rester encore un peu debout.» Séchez plutôt ses larmes, donnez-lui un baiser et souhaitez-lui bonne nuit.
- Allez chercher de l'aide si les colères sont terrifiantes. Crier, pleurer, se jeter sur le canapé, taper des pieds en montant les marches, tout ça n'est pas bien joli, mais c'est normal. Cependant, si votre enfant brise des objets, se blesse ou tente de vous blesser, consultez un professionnel afin de vous aider à contrôler ces colères intempestives.

La perte d'un être cher
dire adieu

L a mort a des significations différentes selon l'âge de l'enfant. L'enfant d'âge préscolaire vit «maintenant» et ne peut pas vraiment comprendre qu'une personne qui est morte ne reviendra pas. Des semaines plus tard, l'enfant de trois ans peut demander: «Quand est-ce que grand-mère va venir nous voir?» Mais vers les cinq ou six ans, les enfants sont capables de comprendre le côté permanent de la mort et, tout comme les adultes, ils pleureront la perte d'un ami ou d'un parent.

«La mort fait naturellement partie de la vie», dit Rudy Kopriva du salon funéraire Kopriva-Taylor à Oakville en Ontario. «Lorsqu'une personne qui a été proche d'un enfant meurt, l'enfant sera affligé. C'est normal et nous encourageons les parents à donner à l'enfant la possibilité de lui dire adieu.»

Les parents devraient-ils amener les enfants au salon funéraire et aux funérailles? Oui, dans la plupart des cas, dit Rudy Kopriva. Les funérailles sont une occasion spéciale pour l'enfant de dire adieu à la personne qui est décédée, et l'enfant peut vraiment en retirer quelque chose de positif s'il peut participer à cet adieu avec le reste de la famille. «Nous avons même une salle de jeu dans notre établissement funéraire avec des vidéos et des jouets pour les enfants, afin qu'ils puissent se reposer si la situation devient trop difficile pour eux. C'est comme ça que nous pensons que les enfants doivent être intégrés», dit-il.

Myrna Renshaw (directrice de Bereaved Families en Ontario, succursale de Halton/Peel) soutient que «les enfants devraient prendre part aux funérailles autant qu'ils souhaitent le faire. On devrait les mettre au courant de la façon dont elles se dérouleront et leur donner la possibilité d'y assister s'ils le désirent, mais ne jamais les forcer à y aller contre leur gré.»

La relation que l'enfant avait avec la personne décédée sera un élément significatif de cette décision. Si la personne décédée est un parent, un frère ou une sœur ou quelqu'un de très proche, l'enfant devrait avoir le choix d'être intégré autant que possible. Autrement, il pourrait éprouver du ressentiment et avoir des regrets susceptibles de durer pendant des années. Si l'enfant n'était pas proche de la personne décédée, il n'aura peut-être pas envie d'y assister. Bien entendu, quand un proche meurt, les parents peuvent être tellement tristes et pris par leur propre peine qu'il leur est difficile de s'occuper de celle d'un enfant. Myrna Renshaw remarque: «Ce n'est pas inhabituel de voir un parent tellement anéanti par sa peine qu'il se sent incapable de répondre aux besoins de l'enfant ou espère, d'une certaine façon, protéger l'enfant de la peine. Eh bien, il est impossible de protéger ainsi les enfants. Et je crois que les parents devraient résister à la tentation d'éloigner les enfants en les confiant à quelqu'un d'autre. Ils ont besoin de faire partie du deuil, même si, pour cela, vous devez demander l'aide d'une autre personne de la famille pour prendre soin d'eux et répondre à leurs questions.»

Quelle que soit la relation qui existait entre la personne décédée et votre enfant, celui-ci aura probablement des douzaines de questions à poser sur la mort.

«Les enfants ont besoin que l'on réponde simplement et honnêtement à leurs questions et ils ont probablement besoin d'entendre les réponses plus d'une fois, prévient Myrna Renshaw. Lorsque vous leur aurez expliqué quelque chose, ils s'éloigneront, réfléchiront à l'information reçue et reviendront avec d'autres questions.»

Les services reliés au suivi de deuil varient d'un salon à l'autre: brochures, dépliants ou services professionnels de suivi de deuil (par des psychologues, travailleurs sociaux ou accompagnateurs spécialisés), afin d'aider les parents à répondre aux préoccupations de l'enfant endeuillé. Les salons Alfred Dallaire, par exemple, offrent des rencontres avec une psychologue ou une travailleuse sociale, de même qu'un feuillet et un coffret de cassettes audio intitulé *Le deuil: apprivoiser l'absence*.

Myrna Renshaw donne quelques autres conseils pour aider les enfants qui se rendent au salon funéraire. «Un cercueil ouvert aide souvent les enfants car, lorsqu'il est fermé, c'est leur imagination qui prend la relève. Lorsqu'il est ouvert, le parent peut montrer à l'enfant que la personne ressemble à ce qu'elle était avant, mais pas tout à fait, et qu'elle est vraiment morte, qu'elle ne respire plus et ne bouge plus.» Dans son ouvrage *Psychologie de la mort et du deuil* (Modulo Éditions, 1998), Josée Jacques conseille d'intégrer l'enfant aux rituels de la mort. «En participant aux rituels, l'enfant a le sentiment de faire partie de la famille; il ne se sent pas mis à l'écart... Or, même si ces moments sont particulièrement chargés d'émotions, ils constituent des étapes importantes dans le processus du deuil. La présence de l'enfant au salon funéraire et aux funérailles est ainsi de nature à l'aider à saisir et à accepter la réalité de la perte. Il faut toutefois agir avec discernement et respecter le choix de l'enfant.»

Lorsque Patricia Boyer a perdu sa fille, après une

brève maladie, le personnel de l'hôpital l'a encouragée à amener ses plus jeunes enfants voir le corps. Patricia n'était pas d'accord. «Je connaissais mes enfants et je savais qu'ils en seraient bouleversés.» Le personnel infirmier a tout de même fini par persuader Patricia de les amener. Comme elle le rappelle: «Ils ne se sont pas approchés du corps. Ils sanglotaient et pleuraient mais, en y repensant, aujourd'hui, je crois que c'était ce qu'il fallait faire. Ça les a aidés à comprendre la mort de leur sœur.» Patricia avait décidé que le cercueil serait fermé au salon funéraire parce qu'elle croyait que beaucoup de gens seraient bouleversés de voir un enfant dans un cercueil ouvert. Cette décision a été plus facile à prendre, compte tenu que sa famille avait déjà fait ses adieux à l'enfant à l'hôpital.

Les parents, qui craignent que l'intensité émotive d'une visite au salon funéraire soit trop difficile à supporter pour leur enfant, peuvent demander à ce qu'elle se fasse en privé, avant que les autres arrivent. Les enfants ont alors la possibilité de dire adieu sans la présence d'une foule d'adultes bouleversés.

Malgré tout, Myrna Renshaw fait remarquer que même une très courte visite peut parfois beaucoup aider les enfants. «Ils s'aperçoivent que d'autres personnes sont tristes aussi, et qu'il est permis de pleurer. Et ils se sentent souvent soutenus par la présence des autres qui, comme eux, ont perdu une personne à laquelle ils tenaient.»

On peut également aider les enfants à dire adieu d'une façon qui soit significative pour eux. Un enfant peut vouloir écrire une lettre et la déposer dans le cercueil; un autre, se dessiner en compagnie de la personne décédée. Les parents peuvent aider à faire un album avec les photos et d'autres souvenirs de la personne décédée. Certaines familles plantent des arbres ou sèment des fleurs à la mémoire d'un parent et cela peut être un excellent moyen d'amener les enfants à commémorer la vie de la personne décédée. Certains enfants préféreront ces activités aux funérailles, mais plusieurs voudront tout de même participer à la cérémonie.

Myrna Renshaw souligne que, d'après son expérience, les gens commencent à reconnaître que les enfants ont leur place aux funérailles. «Si les parents prennent le temps de les préparer et les supportent, les funérailles peuvent être une façon valable d'aider les enfants à dire adieu à l'être cher qu'ils viennent de perdre.»

La perte d'un animal

En comparaison du décès d'une personne, la perte d'un animal peut sembler triviale, mais la plupart du temps elle est ressentie profondément par les enfants. C'est bien souvent leur première expérience avec la mort. Et, d'une certaine façon, ce n'est pas une mauvaise chose. L'enfant qui voit le corps inerte et immobile de sa chatte ou de son cochon d'Inde et qui aide à l'enterrer au fond du jardin apprend de manière concrète que la mort a un caractère définitif, sans qu'il ait à vivre le traumatisme de la perte d'une personne qui lui est chère. Mais ça fait mal. Comment les parents peuvent-ils l'aider?

• En permettant à l'enfant de vivre cette perte à sa façon. Pour vous, ce n'était peut-être qu'un stupide poisson rouge auquel il ne portait jamais attention, de toute façon, mais cela ne veut pas dire qu'il ne sera pas contrarié par la vue de son poisson inerte, flottant à la surface de son bocal. S'il est triste, c'est qu'il a besoin d'être triste.

Lorsqu'on a dû faire piquer notre vieux chien,

chaque enfant a réagi différemment. Mon aîné et moi avons beaucoup pleuré. Mon fils de sept ans s'est plongé dans ses cartes de baseball et semblait n'avoir aucune réaction. Ce n'est que plusieurs semaines plus tard qu'il a pleuré et il s'est souvent couché en pleurant. Le plus jeune voulait toujours parler de «Jay». On aurait dit qu'il essayait de graver ses souvenirs de lui dans sa mémoire, mais il ne semblait pas être aussi triste que les deux autres.

- En lui permettant aussi de ne pas être triste. Votre enfant peut ne pas être profondément touché ou, du moins, pas sur le coup. Ça aussi, c'est bien. Certains enfants sont très proches des animaux, d'autres non.
- En répondant à ses questions avec autant d'honnêteté et de douceur que vous le pouvez.
- En l'aidant à trouver un moyen de dire adieu. Lorsque «Mr. Newt» est mort, mon fils de huit ans a organisé des funérailles dans l'arrière-cour, avec les voisines comme témoins. C'était une cérémonie brève mais empreinte de dignité, pendant laquelle quelques larmes furent versées, et qui a été suivie d'un goûter léger.

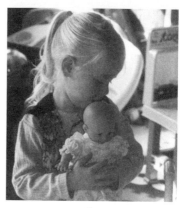

Au jeu!
l'importance du jeu dans l'enfance

Les parents pensent parfois que les jeunes sont trop grands pour jouer lorsqu'ils ont commencé l'école. En jouant avec des cubes ou à la poupée, les enfants d'âge préscolaire acquièrent un savoir-faire dont ils auront besoin plus tard. Après la première année d'école, cependant, on les encourage à mettre davantage l'accent sur l'apprentissage que sur le jeu.

Le jeu est important tout au long de l'enfance. Même les adultes ont besoin de jouer et, chez les enfants de six à huit ans, c'est vital. Le jeu aide l'enfant à se détendre après une journée stressante de classe (essayer de bien se comporter et d'être attentif toute une journée peut être très stressant!). Le jeu lui permet non seulement d'apprendre, mais aussi d'extérioriser ses inquiétudes et ses émotions, et de s'exercer à jouer des rôles d'adultes.

L'enfant a besoin d'avoir beaucoup de temps, chaque

jour, pour jouer à des jeux non structurés, afin d'équilibrer sa journée qui est déjà bien remplie si l'on considère qu'il doit aller à l'école, faire les petites corvées qui lui sont assignées, pratiquer des sports et assumer d'autres responsabilités. Les jeux électroniques et les entraînements de hockey sont bien des activités ludiques, mais ils ne permettent pas à votre enfant de jouer ou de diriger comme il le veut. L'aider à maintenir un sain équilibre contribuera à rendre ces années plus agréables pour lui et pour vous.

«Je m'ennuie!»
quoi faire quand il n'y a rien à faire

«Je m'ennuie!» Encore ces mots. Vous savez qu'ils seront suivis par «Et il n'y a rien à faire». Et déjà, vous ébauchez une liste d'occupations possibles. Mais avant de vous précipiter pour trouver des activités qui occuperont vos plus jeunes, pensez qu'un peu d'ennui ne peut pas leur faire de mal.

Kathryn Brink, mère de six enfants, professeure de première année et auteure d'une rubrique pour parents dans le *Hamilton Spectator*, met l'accent sur le besoin qu'ont les enfants d'avoir la responsabilité de s'occuper. «Les parents se sentent souvent obligés de se creuser la cervelle pour trouver des occupations à leurs enfants. Montrez-leur plutôt comment organiser leur temps et trouver des choses intéressantes à faire.»

Comment? Kathryn Brink suggère de vous asseoir avec eux et de dresser ensemble une liste d'activités excitantes et amusantes (les corvées ne comptent pas) qu'ils pourront consulter dès que l'ennui se fait sentir. Vous pouvez aussi les encourager à demander à leurs amis ce qu'ils font quand ils s'ennuient. (Bien entendu, appeler un ami signifie souvent en bout de ligne jouer avec lui, ce qui résout le problème de l'ennui.)

Kathryn Brink encourage aussi les parents à se montrer capables de résoudre eux-mêmes ce problème. «Dites devant les enfants: "Je m'ennuie aujourd'hui. Je crois que je vais faire ceci ou cela." Montrez-leur comment vous gérez l'ennui.»

Si un enfant s'ennuie souvent, étudiez son environnement; la cause s'y trouve peut-être. Peut-il faire des activités salissantes à la maison, ou est-ce interdit? A-t-il dans son entourage des amis avec qui il peut jouer, des frères, des sœurs? A-t-il suffisamment de jouets créatifs pour jouer seul ou ce qu'il faut pour faire de l'artisanat et du bricolage? En ayant quelques accessoires sous la main, votre enfant inventera beaucoup plus facilement des activités ou des jeux. Comment résister au plaisir de fouiller dans un coffre plein de vieux vêtements et de se déguiser? Une boîte remplie de papier, de crayons de couleur, de crayons feutres et d'autre matériel de bricolage (rouleaux de carton de papier hygiénique, morceaux de tissu, contenants en polystyrène, etc., plus quelques articles achetés comme de la colle, du ruban adhésif, des brillants, du papier de soie) inspireront bien souvent le jeune bricoleur.

Plusieurs enfants de cet âge commencent à se joindre à des groupes (les scouts, par exemple) et à s'inscrire à des cours ou à des sports. Kathryn Brink trouve qu'il est préférable que les enfants n'aient que deux activités chacun par semaine (les scouts et le hockey, ou la natation et la musique), afin d'éviter de leur imposer un horaire trop chargé. «Cependant, dit-elle, au fil des ans, nous tentons de diversifier leurs activités au maximum afin qu'ils puissent acquérir plus de connaissances et ainsi, avoir un plus grand nombre de choix possibles lorsqu'ils ne savent pas quoi faire car, selon moi, avoir plusieurs options est un des facteurs clés pour combattre l'ennui.»

L'ennui peut parfois permettre de faire une nouvelle activité créatrice, d'inventer un jeu prenant ou de découvrir un nouvel intérêt. Les parents, qui peuvent résister à l'envie de se précipiter pour trouver une occupation à leur enfant qui s'ennuie et qui l'encouragent plutôt à trouver ses solutions, sont souvent ravis des résultats obtenus.

Monique Paquin a remarqué que même si son fils de six ans ne dit pas toujours: «Je m'ennuie» à voix haute, il y a des moments où il semble ne pas savoir quoi faire. «Jonathan termine une activité, et ensuite, je le vois qui tourne en rond et qui semble tendu. C'est l'étape de l'ennui. Ça ne dure pas longtemps, par contre, avant qu'il descende au sous-sol pour bricoler ou qu'il joue en silence avec ses jouets. On dirait que l'ennui est le moment de transition dont il a besoin pour trouver quelque chose de nouveau à faire.»

Kathryn Bink approuve. «L'ennui est le signe qu'il faut bouger, faire quelque chose», dit-elle. Elle est persuadée que les parents peuvent aider leurs enfants à apprendre à bien réagir à ce signe, et à faire en sorte que l'ennui soit remplacé par une activité.

La boîte à surprises

Conservez quelques-uns ou tous les articles de la liste suivante sur une étagère ou dans une grosse boîte en carton. Votre enfant s'intéressera peut-être à certains d'entre eux lorsqu'il s'ennuiera.

- Un jeu de cartes (ou deux)
- Des casse-tête
- Des jeux (surtout ceux auxquels il peut jouer seul, comme les dominos)
- Des aimants
- Une loupe et un bocal pour attraper les insectes
- Une lampe de poche
- Des timbres caoutchouc et un tampon encreur
- Des marionnettes

- Des cubes (legos) ou d'autres matériaux de construction
- Du papier et du matériel de bricolage (rouleaux de carton de papier hygiénique, colle, brillants, etc.)
- Des craies de couleur
- Des cahiers de mots cachés, point à point, etc.
- Un assortiment de balles, de la toute petite super-balle au gros ballon de plage
- Des vieux catalogues
- Des cartes géographiques sur lesquelles il peut écrire
- Des livres d'activités et de bricolage

Ajoutez d'autres articles qui reflètent les intérêts particuliers de votre enfant et pensez à remplacer les objets de temps à autre.

Tout le monde gagne
coopération et jeux non compétitifs

D ans notre société où règne la compétition, reste-t-
il de la place pour les jeux et les activités qui enseignent la coopération aux enfants? «Absolument», répond Nadeane McCaffrey, la directrice du camp Free
To Be Me à Ottawa, en Ontario.

Ce camp, fondé sur la philosophie de Terry Orlick,
professeur en psychologie sportive à l'Université de
Carleton et le gourou canadien des jeux et des sports de
coopération, accueille des enfants de trois à douze ans
dans un environnement positif, non compétitif, spécialement conçu pour eux.

Nadeane McCaffrey souligne que, dans les jeux de
compétition, un enfant gagne un but ou l'atteint au détriment des autres. Alors que cet enfant est content
d'avoir réussi, tous les autres sont tristes et déçus
d'avoir perdu. Les activités qui ne sont pas axées sur la
compétition permettent à chacun de réussir (ou de
perdre parfois lorsque les buts du groupe ne sont pas
atteints) et encouragent le travail en équipe, le partage
et l'entraide.

François Davidson, père de Jérôme, Kevin et
Nathan, tente d'intégrer l'idée de coopération dans
tout ce qu'il fait avec ses fils. «Je pense que toute ma
façon de vivre avec eux se base sur la coopération plutôt

que sur la compétition ou le défi. Nous travaillons toujours ensemble et, bien souvent, nous ne faisons pas de vrais jeux. Mes fils aiment m'aider à faire certaines réparations, par exemple, ou à couper du bois.»

François et ses fils partent souvent en excursion dans la nature en ayant chaque fois comme but de trouver quelque chose de nouveau. «La semaine dernière, nous avons découvert une salamandre avec ses œufs. Je n'avais encore jamais vu d'œufs de salamandre auparavant! relate François. Nous faisons une collection commune de plantes et de roches à laquelle nous ajoutons les nouveaux spécimens trouvés lors de nos excursions.» Construire des pistes pour billes est une autre activité fort appréciée. «Nous avons fait des millions de pistes pour billes, dit François. Une partie du plaisir consiste à trouver des matériaux sur lesquels nous pourrons faire rouler les billes: des morceaux de bois, des rails en bois, du plastique, puis de mettre les pistes bout à bout. Ensuite, nous faisons rouler les billes dessus. Les enfants raffolent de ce jeu. Ils aiment vraiment ça.»

François a aussi adapté des sports traditionnels, afin d'en éliminer les aspects de compétition. Il joue au baseball coopératif, sans compter de points, avec ses fils et leurs amis, où chaque joueur, après avoir frappé la balle, change de place. Chacun a ainsi la possibilité de jouer à toutes les places, y compris celles de lanceur et de frappeur.

Ils jouent aussi à ce que François appelle «attrapez-moi». Au lieu qu'une seule personne tente d'attraper les autres, ce sont les autres qui tentent d'attraper une personne désignée. (Les enfants adorent être pourchassés.) Lorsque la personne se fait prendre, c'est au tour d'une autre personne d'être pourchassée par tout le groupe.

Le tennis avec un ballon est un de leurs jeux intérieurs préférés. «Nous tentons de voir combien de temps nous pouvons maintenir un ballon dans les airs, sans qu'il touche le sol. Le but est donc de taper sur le ballon de telle façon que l'autre personne puisse vous le renvoyer, et non le contraire. Nous jouons parfois à ce jeu couchés sur le dos sur le plancher et nous nous servons aussi bien de nos pieds que de nos mains pour empêcher le ballon de toucher le sol.»

Bien d'autres jeux peuvent facilement être transformés en jeux coopératifs. Lors des fêtes d'anniversaire, la chaise musicale coopérative a beaucoup de succès. L'adulte responsable place les chaises et s'occupe de la musique comme pour le jeu normal. Mais l'enfant qui ne peut trouver de chaise pour s'asseoir n'est pas éliminé; il s'assied sur les genoux de quelqu'un. À la fin, une douzaine d'enfants ou plus tentent de s'asseoir sur une seule chaise. Il y a beaucoup d'éclats de rire et tout le monde participe.

Anne Séguin, mère de cinq enfants, joue seulement à des jeux coopératifs aux fêtes d'anniversaire de ses enfants. «Il n'y a pas de gagnant, pas de perdant, pas de prix, à moins que chacun n'en ait un. Personne ne s'est jamais plaint. En fait, je pense que ça met encore plus d'ambiance dans les fêtes.»

Certains jeux de société traditionnels peuvent aussi être adaptés. Au scrabble coopératif, les joueurs travaillent ensemble pour obtenir chaque fois le plus de points possible. Au lieu d'éviter de placer des lettres pour empêcher l'adversaire de faire des points, la stratégie consiste à créer des occasions pour que les autres joueurs puissent placer des mots qui comptent pour beaucoup. Vous pouvez créer une version du jeu de *Quelques arpents de pièges* sans utiliser la planche de jeu, mais en retournant simplement les cartes et en posant les questions.

François croit que le renforcement de la coopération chez les enfants est une partie importante du rôle des parents. «Vous devez accepter que vos enfants participent à vos activités. S'ils vous aident à faire ou à réparer quelque chose, il y aura probablement du désordre et leur travail ne sera peut-être pas de la qualité voulue. Mais cela vaut la peine de les impliquer.»

Comme autre exemple, il décrit comment ses fils aiment courser. «Ils prévoient un trajet, puis courent chacun leur tour et je les chronomètre. Je les encourage à battre leur propre record et non à tenter de battre ceux des autres. Si Jérôme dit qu'il est plus rapide que Kevin, je réponds: "Oui, tu es très rapide pour un enfant de sept ans, mais Kevin est très rapide pour un enfant de quatre ans."»

Lorsque ses enfants veulent faire des activités de compétition, comme des courses, Anne crée des handicaps pour les plus vieux. Par exemple, lors d'une des courses, son fils aîné devait sauter à cloche-pied, tandis que son jeune frère avait le droit de courir. Il y a moins de compétition et ça ajoute au plaisir.

Nadeane McCaffrey, par son travail au camp Free To Be Me, a vu comment la participation à des jeux coopératifs pouvait être bénéfique à des enfants provenant de milieux socioculturels très différents. «J'ai commencé à travailler avec des enfants qui étaient très doués en athlétisme, puis avec des enfants qui étaient atteints de cancer ou d'hyperactivité avec déficit de l'attention. Tous ont tiré profit des mêmes principes pour apprendre à travailler ensemble et à se détendre, à coopérer et à être positif. Ce qui a contribué à augmenter leur estime de soi et à améliorer leur comportement.»

Lectures

- Family Pastimes conçoit des jeux coopératifs, certains fournis avec des règlements en français. Quelques boutiques de jeux éducatifs les offrent ou on peut téléphoner directement au 1 888 267-4414 ou visiter le www. familypastimes.com pour commander un catalogue.

- Chambers, Bette *et al.* et Monique Doyon (adapt.), *Découvrir la coopération: activités d'apprentissage coopératif pour les enfants de 3 à 8 ans*, Montréal, Éditions de la Chenelière, 1997.

Des compétition sans larmes?

Le fils de Jacqueline Côté, Damien, sept ans, aimait la gymnastique jusqu'à ce que son entraîneur lui suggère de participer à sa première compétition. Tandis que Jacqueline s'attendait à ce qu'il apprécie le défi à relever, Damien ne pensait qu'à gagner et, lorsqu'il est arrivé quatrième, il a éclaté en sanglots. Sur le chemin du retour, il a déclaré à sa mère qu'il ne voulait plus jamais entendre parler de gymnastique.

Bien des sports et d'autres activités auxquels les enfants veulent participer sont axés sur la compétition. Comment pouvez-vous rendre l'expérience aussi positive que possible?

- Encouragez votre enfant à chercher à s'améliorer, plutôt qu'à se comparer aux autres, en tentant de battre son propre score, de nager plus vite que la veille ou d'arrêter plus de lancers qu'au jeu précédent.
- Parlez du plaisir qu'on peut s'attendre à avoir au jeu ou à la compétition. En allant à la partie de baseball, tentez de deviner avec lui qui, parmi les jeunes que vous connaissez, sera dans l'équipe adverse.
- Après la partie, discutez avec votre enfant de son jeu, du beau travail d'équipe et des points forts de la partie. Montrez-lui que, pour vous, il n'est pas important de gagner.

- Dans les sports d'équipe organisés, recherchez une ligue ou une organisation qui accorde le même temps de jeu à chaque enfant. Cela montre que l'on attache de l'importance à la participation des joueurs plutôt que de laisser le meilleur joueur sur le terrain pendant presque toute la partie afin d'assurer la victoire à l'équipe.
- Si la compétition enlève à votre enfant tout plaisir de jouer, cherchez des solutions de rechange.

C'est ce qu'a fait Jacqueline. Elle a passé un accord avec Damien. Il ferait encore de la gymnastique, mais ce serait lui qui déciderait s'il voulait s'inscrire de nouveau à une compétition et si oui, à quel moment il le ferait. Ensuite, elle a fait part de sa décision à l'entraîneur de son fils. Même si celui-ci n'approuvait pas cette approche, il l'a respectée et Damien aime toujours aller au cours de gymnastique.

«À l'attaque!»
le plaisir de chahuter

Teresa était venue me rendre visite avec son fils de sept ans, Jeremy, qui avait le même âge que mon fils Riley. Comme ils ont joué ensemble tous les deux! Pendant presque trois heures, ils n'ont fait qu'entrer dans la maison et en sortir précipitamment.

Il n'était pas question pour eux de marcher quand ils pouvaient courir, parler quand ils pouvaient crier ou s'asseoir quand ils pouvaient se retrouver bras et jambes entremêlés.

Nous avons dû intervenir plusieurs fois. «Pas d'eau dans la maison!» «Sortez du salon, nous voulons parler!» «Faites attention aux plus petits.» Mais le jeu n'a jamais mal tourné et personne n'a (miraculeusement) été blessé.

Les adultes étaient plutôt épuisés vers la fin de la visite. Mais les enfants s'étaient tellement dépensés qu'ils rayonnaient de joie. Sur le chemin du retour, Jeremy a demandé à sa mère si elle était fâchée contre lui.

– Pas vraiment fâchée. Mais vous avez été plutôt bruyants, lui a-t-elle répondu.

– Mais maman, s'est alors exclamé Jeremy, c'est comme ça que les gars jouent!

«Les jeux brusques font probablement partie de l'enfance depuis les tout premiers temps», dit Diane Prato, éducatrice et conseillère spécialisée en problèmes familiaux. Et bien qu'ils semblent être réservés davantage aux garçons, Diane Prato croit que: «C'est une expérience positive aussi bien pour les filles que pour les garçons.»

Positive? Quand le niveau de bruit et d'excitation augmente, il peut être difficile pour les parents d'adopter une attitude positive. Mais Diane Prato souligne plusieurs bons côtés du chahut.

«Dans notre société, nous utilisons la communication verbale. Chahuter est une autre forme d'interaction – une interaction qui implique un contact corporel. Elle permet à l'enfant d'être conscient de son corps, de sa force physique et de ses limites. Il est capable d'apprécier son corps en contact avec un autre, d'une façon non sexuelle. C'est un moyen sain de réduire le stress et d'extérioriser les sentiments refoulés. Et en plus, c'est amusant!»

La lutte est probablement la forme de chahut la plus difficile à accepter pour les parents. «Ça va finir par des larmes!» disons-nous souvent (comme des générations de parents l'ont fait avant nous) et trop souvent, c'est vrai. Mais faire semblant de lutter entre enfants consentants n'est pas une activité hostile en soi.

«Je crois que, d'une certaine façon, c'est une expression d'affection», raconte Angela Minos, mère monoparentale dont les trois enfants (deux garçons et une fille respectivement de neuf, huit et six ans) aiment «toutes sortes de jeux rudes, mais surtout lutter entre eux». Elle remarque que les enfants plus vieux qui ne se sentent pas à l'aise de se faire des câlins, par exemple, ont la possibilité d'être physiquement proches lorsqu'ils roulent ensemble sur le sol. La notion de confiance est aussi un facteur qui entre en considération: lutteriez-vous contre quelqu'un qui peut réellement vous frapper?

Les enfants doivent faire montre de maîtrise de soi et

d'adresse lorsqu'ils jouent à un jeu brusque tout en étant conscient des risques encourus, mais la plupart d'entre eux ne peuvent maintenir ce comportement bien longtemps. C'est pour cela que Diane Prato suggère aux parents d'établir des règles pour les jeux brusques et de les faire respecter. Voici quelques points à considérer:

Où peut-on chahuter? «Vous devrez établir des limites pour la sécurité (pas sur le lit du haut); pour protéger vos biens (pas près du vaisselier); et si possible pour ménager vos nerfs (pas sur le sol). En fait, il vaut mieux jouer à l'extérieur lorsque c'est possible», conclut Diane Prato.

Comment un enfant peut-il arrêter le jeu? Quiconque s'est précipité dehors à la rescousse d'un enfant en pensant qu'il criait alors qu'il riait aux éclats avec ses amis se rend compte de la difficulté qu'il y a à distinguer la panique de l'exubérance. Enseignez à votre enfant à utiliser une sorte de code: «Stop!» «Un instant!» etc., qui doit être immédiatement respecté.

Est-ce que tous ont l'occasion de gagner de temps à autre? Les jeunes frères et sœurs peuvent être entraînés dans des jeux qui les condamnent à toujours être les victimes. Diane Prato suggère qu'on leur enseigne des façons d'être plus autoritaire, par exemple en levant les mains pour se protéger et en criant: «Non, je n'aime pas ça!» Donnez aux plus vieux la responsabilité de négocier des règles avec les plus jeunes afin qu'ils soient heureux: «Si ce n'est pas amusant pour tous les deux, vous ne pouvez pas y jouer. Mon fils cadet a trouvé sa propre solution: il accepte de jouer au superhéros avec son frère aîné seulement s'ils sont dans la même équipe.»

Aucune «arme» n'est permise. Les bâtons, les épées jouets, et tout ce que l'on peut lancer ou qui peut servir à frapper augmente les risques de blessures sérieuses.

Finalement, selon Diane Prato, les parents devraient être conscients de la progression du jeu. «Il ne s'agit pas de surveiller les jeunes continuellement, mais seulement de vérifier de temps à autre si les règles sont bien respectées. Déterminez-en la durée. Ce genre de jeu se détériore souvent. Mettez-y un frein et faites diversion en offrant un goûter, avant que ça ne se termine dans un chaos total ou que quelqu'un ne soit blessé.»

Lorsque les enfants d'Angela ne maîtrisent plus la situation («La plupart du temps», admet-elle avec un sourire forcé), elle les sépare. «Je les envoie dans des pièces différentes pour leur permettre de se calmer un peu. Ils doivent faire une activité calme, lire par exemple.»

Diane Prato encourage les parents à chahuter avec leurs enfants, s'ils se sentent à l'aise de le faire, bien entendu. «Lorsque j'étais enfant, je n'ai jamais joué à des jeux brusques, mais mon mari l'a fait, lui, et il chahute souvent avec nos deux filles.»

Angela affirme: «Mes enfants adorent lutter avec moi. Ça se passe souvent après le souper, lorsque nous sommes tous ensemble. Et lorsque je participe à leur jeu, je peux leur enseigner des notions de sécurité.»

«C'est surprenant de voir à quel point ils ont changé et sont plus forts, reconnaît-elle, mais, ajoute-t-elle en souriant, c'est encore moi qui gagne.»

Les enfants timides

Gaston, le fils aîné de Marion, aime les jeux actifs et turbulents. Parfois, dès que son père rentre à la maison, il lui saute sur le dos et, bientôt, tous deux luttent sur le plancher.

Pendant ce temps, leur plus jeune fils, Adam, se tient tout près et regarde. «Adam n'a jamais aimé les jeux brusques, explique Marion. Si son père veut l'empoigner pour jouer, il recule aussitôt.»

Tandis que plusieurs enfants aiment les jeux rudes, certains ne veulent pas en entendre parler. Marion remarque que, de façon générale, nous ne faisons aucun cas des fillettes qui refusent de chahuter ou de jouer à des jeux brusques, mais les garçons qui ne veulent pas participer à ces jeux subissent souvent la désapprobation des autres et leur pression pour qu'ils y participent. Adam ne partage pas non plus le penchant de Gaston pour les sports; il préfère des jeux plus calmes, moins bruyants.

Pour Adam, le fait de ne pas aimer chahuter démontre simplement une personnalité différente de celle de son frère. Certains enfants, cependant, craignent vraiment les blessures physiques et ils évitent les jeux avec contact corporel et les autres activités physiques qui peuvent être risquées, comme grimper et se balancer. Peut-être est-ce parce que, depuis leur tout jeune âge, on leur a répété sans cesse: «Tu vas te faire mal!» dès qu'ils s'aventuraient un peu loin ou qu'ils prenaient le moindre risque. Si tel est le cas pour votre enfant, encouragez-le à prendre de petits risques et refrénez votre envie de lui rappeler d'être prudent. De plus, si vous prenez part à ses jeux (lutte, course, etc.), vous lui démontrerez qu'il peut vraiment s'amuser sans pour cela que ce soit dangereux.

«Encore dans les nuages!»
à la défense des rêveurs

L'auteure pour enfants Sylvia McNicoll (Burlington, Ontario) se porte à la défense des rêveurs. «Quand je suis en période d'écriture, je songe souvent aux histoires auxquelles je travaille ou aux idées que je développe, dit-elle. Lorsque quelqu'un me parle, ça me prend souvent un petit moment avant de revenir à la réalité et de répondre. Mais la rêverie est une partie essentielle du processus de création.»

Elle donne souvent des ateliers de création dans les écoles et, dès qu'elle repère des enfants rêveurs, elle les encourage fortement à exprimer leur créativité. «Parfois, l'enseignant, incapable de déceler les forces de ces enfants, pense qu'ils sont repliés sur eux-mêmes ou qu'ils ne sont pas attentifs.»

Quand Sylvia McNicoll invite un enfant à inventer une histoire ou à créer un personnage, l'enfant est soudain ragaillardi et surprend toute la classe par son talent. Elle se souvient d'avoir invité une fillette à créer une histoire pour un livre qui devait être illustré, et d'avoir été impressionnée par les détails et la complexité de l'histoire. Ses camarades de classe étaient vraiment surpris et enthousiastes, eux aussi.

Les talents du rêveur ne se limitent pas à la rédaction d'une histoire. Sylvia McNicoll se souvient du fils d'une amie qui faisait des constructions étonnantes avec ses legos et démontait sa bicyclette pour avoir le plaisir de la remonter ensuite. Lorsqu'il semblait être ailleurs, c'était souvent qu'il imaginait la prochaine construction qu'il ferait ou comment il allait effectuer une réparation mineure sur sa bicyclette.

Sonia Dion se souvient que sa fille, Jennifer, se parlait, chantait et marchait sur le trottoir comme si elle était dans une bulle. «Je regardais par la fenêtre et je la voyais marcher tout en gesticulant, et elle était seule.»

Jennifer rêvait à la maison, dans la voiture, en regardant la télé et même à l'école. Heureusement, sa professeure la comprenait et l'encourageait à chanter ses créations devant toute la classe. Jennifer adorait ça. «Par la suite, dès que je lui faisais remarquer qu'elle était dans sa bulle, elle me répondait: "Je répète mes chansons."»

Certains professeurs, cependant, ont de la difficulté avec les rêveurs. Marilyn Vance, qui a enseigné pendant plus de dix ans dans la région de Peel en Ontario, avoue: «J'étais frustrée lorsqu'un enfant rêvassait en classe, parce qu'il n'était pas là, je n'arrivais pas à l'atteindre.»

Elle a remarqué plusieurs cas de rêveurs extrêmes, entre autres chez les enfants qui étaient dépassés par trop d'activités structurées. «Certains en ont tout simplement trop à faire. Ils ont besoin d'un peu de temps pour eux et ils le prennent à l'école.» Ces enfants, selon Marilyn Vance, ont besoin qu'on réduise leurs activités afin qu'ils aient le temps de se détendre, de s'arrêter et de penser. Une rêverie qui persiste à l'école peut cependant indiquer la présence d'autres troubles tels que l'ennui, l'incompréhension, les problèmes familiaux. Dans des cas semblables, Marilyn tente de rencontrer les enfants, et parfois leurs parents, en privé, pour voir ce qu'il est possible de faire.

La plupart des cas de rêveries, cependant, ne sont

pas graves. «C'est souvent la manifestation de l'hémi-sphère droit du cerveau qui essaie de résoudre un pro-blème, explique Sylvia McNicoll. Il peut créer une his-toire, revivre une expérience que l'enfant a vécue et qu'il tente de comprendre ou planifier une activité fu-ture. Mais c'est souvent très important et précieux pour l'enfant.»

La fille d'Irène Pallar, Sarai (12 ans), était déjà une rêveuse à cinq ans. Après avoir vu sa fille évoluer pen-dant toutes ces années, Irène conclut: «C'est quelque chose de très privé. Je lui demande parfois à quoi elle pense, mais elle me répond habituellement: "À rien", alors je n'insiste pas. Il lui arrive parfois de partager ses rêveries. C'est par l'entremise de cette petite phrase que je sais qu'elle le fait: "Que se passerait-il si..." "... je vivais dans un château et si j'étais une princesse?" ou "... je participais aux Jeux olympiques et gagnais une mé-daille d'or?"»

Sylvia McNicoll convient que les parents devraient faire preuve de délicatesse lorsqu'ils questionnent leurs enfants au sujet de leur monde fantaisiste. «Leurs rêve-ries leur appartiennent vraiment. Ils peuvent en par-tager certaines avec nous, mais la plupart du temps nous n'avons aucune idée de ce qui se passe vraiment dans leur tête. Lorsque vous êtes enfant, la plupart du temps, vous avez des adultes qui vous disent quoi faire, et comment le faire. Au pays de la rêverie, les enfants sont maîtres.»

le saviez-vous?

Est-ce de l'hyperactivité avec déficit de l'attention?

De nos jours, la plupart des gens ont entendu parler d'hyperactivité. Il s'agit d'une condition caractérisée par différents facteurs: difficulté de concentration, distraction, impulsivité, désorganisation et parfois, nervosité physique. Malheureusement, puisque c'est l'aspect hyperactif de cet état qui est le plus remarquable et le plus connu, les gens croient que les enfants qui en sont atteints sont toujours excessivement nerveux et bruyants. Mais ce n'est pas toujours vrai. Il arrive que les enfants atteints d'hyperactivité avec déficit de l'attention aient un comportement considéré comme «lunatique» ou paresseux. Ces enfants paraissent absents et on les décrit souvent comme «rêveurs» ou «perdus dans la brume».

Cependant, selon les parents et les enseignants, il est difficile de distinguer un enfant, qui n'est tout simplement pas intéressé au travail scolaire, d'un autre qui se retire parce qu'il ne sait pas comment s'intégrer. Et, pour compliquer davantage les choses, les enfants atteints d'hyperactivité sont capables de se concentrer sur des activités qu'ils trouvent stimulantes, par exemple les legos, un jeu vidéo ou un bricolage, ce qui fait souvent dire aux adultes: «Tu peux te concentrer si tu essaies de le faire.»

Si votre enfant, malgré ses efforts, n'obtient pas les résultats escomptés à l'école et semble découragé, et que vous soupçonniez qu'une hyperactivité avec déficit de l'attention puisse être en cause, faites des lectures approfondies sur le sujet car il existe plusieurs approches différentes. Lisez le plus grand nombre d'ouvrages possible, afin d'être bien renseigné. Cependant, bien souvent, ce qui l'aidera le plus, c'est le changement d'attitude de ses parents et de ses enseignants au fur et à mesure qu'ils le comprennent mieux.

La dépendance aux jeux vidéo
l'attrait de l'écran

Lorsque les parents achètent un nouveau jouet coûteux, ils se demandent souvent si leur enfant s'y intéressera suffisamment pour en justifier le prix. Cependant, lorsqu'ils achètent des jeux vidéo, ils peuvent
avoir le souci contraire: leur enfant jouera-t-il trop avec
le jeu?

L'image d'un fanatique des jeux vidéo junior, collé à
l'écran pendant des heures avec ses petites mains agrip-
pées à la commande, hante plusieurs parents qui ont suc-
combé aux supplications de leur enfant d'avoir un jeu
vidéo électronique. Leur inquiétude est-elle justifiée?

Ann Wordsworth, recherchiste pour une émission de
services de la chaîne CBC, a étudié le phénomène des
jeux vidéo dans le cadre d'une émission. Elle croit qu'il
y a lieu de s'inquiéter. «Les jeux vidéo se comparent aux
jeux de hasard, parce qu'ils offrent aux enfants le même
genre de renforcement positif, de récompenses et de
gradation de la difficulté que les jeux de hasard offrent
aux adultes», explique-t-elle.

Rose Dyson, de C-Cave (Canadians Concerned
about Violence in Entertainment), dit: «Les enfants sont
entièrement absorbés par les jeux vidéo, et je crois que
nous devrions nous soucier du contenu de ces derniers.»
Ces jeux se basent souvent sur la compétition, la destruc-

tion d'objets et de personnes méchantes. Environ 75% de ces jeux ont un niveau de violence très élevé.

Ann Wordsworth acquiesce: «Certains de ces jeux enseignent des valeurs terribles. Il est instructif de les visionner attentivement et de savoir ce qui s'y passe.»

D'autres, comme les jeux d'aventure sont moins violents, mais ils abordent des thèmes très sexistes. Comme le dit si bien ma fille, Lisa: «Je suis fatiguée de sauver des princesses.» Bien entendu, les enfants qui jouent à des jeux vidéo n'en deviennent pas tous dépendants. L'experte en informatique Sherry Turkle souligne: «La plupart des gens ne deviennent pas dépendants des jeux vidéo, tout comme les gens qui suivent des régimes ne deviennent pas anorexiques. Il y a des personnes qui sont évidemment plus vulnérables que d'autres.» Elle croit que les enfants qui se sentent impuissants dans leur propre vie seront fortement attirés par le sentiment de puissance que les jeux vidéo leur donneront.

Certains enfants, qui passaient des heures à zapper au début, délaissent les jeux après quelques semaines d'utilisation. Leur intérêt peut refaire surface temporairement s'ils ont un nouveau jeu, pour retomber une fois de plus lorsqu'ils réussissent à le maîtriser. D'autres enfants jouent de façon continuelle, mais modérément. Pour eux, les jeux vidéo font simplement partie des nombreuses activités qu'ils aiment faire.

Mais Rose Dyson se fait du souci pour les enfants qui sont pris par les jeux: «Ils ne fréquentent pas les terrains de jeu, ne font pas d'exercice physique, ne lisent pas, ne jouent pas activement avec leurs amis. Les jeux vidéo peuvent occuper tout leur temps libre.»

Comment les parents peuvent-ils s'attaquer à ce problème?

Ann Wordsworth pense qu'il vaut mieux établir des règles dès le départ. «Les parents offrent souvent le jeu vidéo électronique en récompense ou en cadeau, puis, s'ils tentent d'en restreindre l'utilisation ou de la contrôler, ça ressemble à une punition.» Il vaut mieux considérer ce jeu comme un bien familial contrôlé par les parents, comme pour la télé. Les parents qui testent les jeux vidéo pour le Conseil Canadien d'Évaluation des Jouets recommandent eux aussi d'instaurer des règles dès le départ pour éviter les problèmes.

Diane Nease, mère de trois garçons et propriétaire d'un jeu électronique Nintendo, résume les sentiments de la plupart des «parents Nintendo» lorsqu'elle dit: «Je ressens une sorte d'ambivalence à ce sujet. Certains jours, c'est parfait, et d'autres jours, j'ai tout simplement envie de le jeter par la fenêtre.»

C'est un excellent moyen d'occuper les garçons quand elle a besoin qu'ils le soient, et Diane les entend souvent rire et blaguer lorsqu'ils ont accompli un exploit. Ça, c'est le bon côté. Elle est beaucoup moins enthousiaste lorsqu'ils négligent leurs devoirs ou leurs autres tâches pour jouer aux jeux, ou lorsqu'ils se fâchent dès qu'on les dérange.

Diane fait remarquer qu'il existe beaucoup de jeux non violents: reproductions d'activités sportives (baseball, football, hockey, etc.), jeux questionnaires (dont les très populaires *La Roue de la fortune* et *Jeopardy*). *Tetris* et *Dr Mario* ne comportent ni obstacles ni méchants, mais des séries de formes que le joueur doit tourner dans tous les sens pour trouver la figure gagnante. *Little Nemo Dreammaster* comporte des obstacles et des animaux sauvages, mais les animaux ne sont pas tués. Ils doivent être domptés avec des bonbons. Ensuite, ils guideront Nemo à travers les labyrinthes qui se trouvent sur sa route. À l'autre extrême, il y a des jeux où les images sont d'une violence inouïe. Les parents doivent donc faire attention à ce qu'ils achètent.

Le fait d'avoir un jeu vidéo électronique à la maison soulève presque les mêmes problèmes que celui d'avoir un téléviseur. Tout comme ils doivent superviser les émissions de télévision, les parents doivent encadrer le temps consacré à cette activité et les jeux qui sont permis. Mais attention! Les parents (souvent dans le but de se maintenir au niveau de leur enfant de sept ans) finissent parfois par joindre les rangs des fanatiques des jeux vidéo.

Ordirama

Claire, six ans, aime son livre sur cédérom et peut passer des heures à cliquer sur les différents éléments des illustrations pour voir ce qui va se passer.

Dès que l'occasion se présente, Jérémie, sept ans, joue avec les jeux vidéo de son grand frère. Il aime tous ceux qui consistent à tuer des méchants, des extraterrestres ou des créatures bizarres, et il participe à fond à certains jeux de rôle.

Luc, huit ans, avait de la difficulté en mathématiques. Son père lui a offert un jeu d'ordinateur, rempli d'action et d'effets sonores, qui explique les problèmes de mathématiques. Pour Luc, ce fut un moyen formidable pour enfin comprendre cette matière qu'il trouvait si difficile.

Il existe une vieille blague qui dit que si vous n'arrivez pas à faire fonctionner votre ordinateur, vous devriez demander à un enfant de sept ans de vous aider. Il y a du vrai là-dedans. Les adultes luttent souvent avec la nouvelle technologie, tandis que les enfants, parfaitement à l'aise, sont prêts à foncer et à expérimenter tout nouveau jeu ou logiciel.

Étant donné la diversité de jeux vidéo qui sont offerts, voici quelques conseils pour vous aider à faire de bons choix:

- Les jeux éducatifs devraient être attirants si vous voulez que votre enfant s'y intéresse pendant un certain temps. Un logiciel qui affiche un feu d'artifice sur l'écran chaque fois qu'il obtient une bonne réponse et le jeu qui ne demande que d'inscrire des nombres sur un cadeau et d'indiquer au père Noël le chemin qu'il doit suivre pour le livrer à la bonne maison finiront vite par l'ennuyer.
- Il existe autant de jeux vidéo violents qu'il existe de jeux électroniques violents. Prenez le temps de lire la description du jeu sur l'emballage!
- Tandis que les plus jeunes aiment les répétitions, les enfants d'âge scolaire commencent à préférer la nouveauté. Pour eux, un jeu qui permet des scénarios différents et variés sera plus attrayant que celui dont l'action se répète.
- Demandez au vendeur si vous pouvez essayer le jeu vidéo afin de vous assurer qu'il est facile à utiliser. Les enfants, souvent plus intuitifs pour maîtriser les jeux que les adultes, sont rapidement frustrés s'ils ne peuvent pas contrôler les personnages ou prévoir la prochaine étape.
- Les encyclopédies et les autres ouvrages de référence sur cédérom peuvent aussi être d'excellents outils d'apprentissage pour l'enfant. De nouveau, il est important de les vérifier avant de les acheter, car certains exigent un niveau de lecture plus avancé que d'autres.

Finalement, n'oubliez pas qu'un ordinateur, quelle que soit son utilisation (jeux, travail, culture personnelle) est toujours un appareil électronique. L'enfant qui passe des jeux vidéo à l'ordinateur, puis à la télévision peut donner l'impression de faire différentes activités alors qu'en fait, il demeure pendant des heures devant un écran. Pendant tout ce temps, il ne joue pas dehors, ne dessine pas, ne lis pas, n'invente pas d'histoires de détective et ne les joue pas, n'apprend pas à bricoler, etc. Tenez compte du temps que votre enfant passe devant l'écran et ne permettez pas qu'il y reste toute la journée!

Pipi, caca, fesses
l'humour des enfants

S'il est vrai que le rire est le meilleur des remèdes, alors les enfants devraient être en pleine santé. Si vous prenez plaisir à rire et si vous avez un sens de l'humour vivifiant, vous êtes protégé contre le stress et les difficultés, quel que soit l'âge.

Par contre, les enfants d'âge scolaire sont un peu malhabiles en ce qui concerne l'humour et il n'est pas toujours évident pour les adultes d'apprécier leur genre d'humour. Les enfants ont bien passé l'âge où vous trouviez mignon presque tout ce qu'ils disaient et leur rires, irrésistibles, mais ils ne sont pas encore capables de se souvenir des histoires que racontent les adultes et de les répéter (et souvent de les comprendre). Les enfants de cet âge peuvent miner notre patience avec ce qui nous semble être des idioties qui ne riment à rien.

«Nous avions des invités et plusieurs cousins de six, sept, huit et dix ans s'étaient réunis autour de la table. Les trois plus jeunes éclataient de rire si souvent que je craignais qu'ils ne s'étouffent en mangeant. (Je n'avais pas besoin de m'inquiéter: personne n'avait le temps de manger.) Qu'y avait-il de si drôle? Rien, si ce n'est le plus vieux qui faisait le clown. Au moment où l'on croyait que les rires allaient se calmer, ça repartait de plus belle.»

Les bruits grossiers et les mots scatologiques, bien entendu, figurent en tête de liste de l'humour chez les enfants d'âge scolaire, surtout (il faut l'admettre) chez les garçons. (Je connais un jeune de sept ans qui passait tellement de temps à placer ses mains derrière ses genoux pour emprisonner l'air et ensuite le laisser s'échapper avec un bruit de pet, qu'il a fini par irriter la peau de ses mollets!) D'autres amusements enfantins peuvent nous paraître aussi lamentables à nous, les adultes. Si les chansons «grossières» de votre enfant ne vous séduisent pas, vous devriez tout de même vous réjouir puisque le plaisir qu'il prend à ces chansons révèle qu'il se développe.

Jennifer Hardacre, professeure à l'Université de Toronto (Institute of Child Study), s'intéresse particulièrement aux jeux et énumère toutes les facultés cognitives qui sont à l'œuvre, par exemple, dans la compréhension d'une blague: «Les blagues reposent sur l'ambiguïté et sur l'inattendu. Pour les comprendre, il faut être capable de classifier les objets et les mots, d'ordonner les actions, de faire la différence entre ce qui est possible et plausible et ce qui ne l'est pas, de reconnaître l'incongruité et de l'apprécier. Il faut savoir que certains mots ont deux significations ou plus, et être capable de se souvenir de toutes les significations en même temps.»

«Les enfants de première année, dit Jennifer Hardacre, vivent en fait un grand changement dans leur développement cognitif, qui leur permettra d'apprécier davantage l'humour des adultes.»

«La plupart des enfants qui arrivent à cet âge ont un très large sens de l'humour – ils rient de diverses situations (quelqu'un qui tombe sur les fesses), d'éléments visuels inattendus (mettre une culotte sur la tête) ou de combinaisons de bruits étranges, explique-t-elle. Les enfants de six ans comprennent qu'une blague doit être drôle, mais, bien souvent, cependant, ils n'en saisissent pas le côté incisif.» Cela explique pourquoi un enfant de cet âge rira d'une blague comportant un jeu de mot, puis en racontera une qui n'a aucun sens. Il ne maîtrise pas encore cette forme de blague particulière.

À huit ans, par contre, la plupart des enfants comprennent et apprécient les calembours, les rimes et les blagues. Malheureusement, ils ont aussi probablement maîtrisé les taquineries, les moqueries et les sarcasmes, ou sont sur le point de le faire.

– Je suis Laura, déclare votre enfant de trois ans.

– Non, je suis Mélissa! corrige sa sœur de sept ans.

– Non, je veux dire que Je suis Laura!

– Je le sais que tu veux dire Je et Je suis Mélissa! Ha! ha! ha!

Laura est en larmes et Mélissa se croit brillante. Et ensuite?

Jennifer Hardacre suggère d'éviter le traditionnel: «Comment te sentirais-tu si on faisait la même chose?» Même si Mélissa est assez grande pour connaître l'effet que ses paroles auront sur sa sœur, il est probable qu'elle proteste: «C'était juste une blague! Moi, ça ne me dérangerait pas!»

Jennifer Hardacre conseille plutôt d'adopter une attitude plus neutre: «Ce n'est pas drôle pour Laura. Elle se sent frustrée et blessée. S'il te plaît, ne fais plus ce genre de blagues.»

Ce que Jennifer Hardacre nous suggère aussi, c'est de surveiller la forme d'humour que nous utilisons, et de nous assurer de projeter le modèle d'humour que nous aimerions entendre. «Plusieurs adultes se moquent de l'immaturité des enfants, observe-t-elle. C'est tellement facile! Les enfants sont des cibles parfaites. Mais puisque ceux-ci prennent tout au pied de la lettre, ils auront tendance à prendre cela au sérieux.»

Il ne faut pas confondre rire avec quelqu'un et rire de quelqu'un. Si Julie commet un impair en répétant un mot qu'elle a lu mais qu'elle ne connaît pas, allez-vous rire? Bien sûr, à moins qu'elle ne soit extrêmement susceptible. Mais la rabaisser en racontant cette histoire en sa présence et en se moquant est un humour aux dépens de l'enfant. «Cela ne lui enseigne pas à être conciliante, explique Jennifer Hardacre; elle se sent tout simplement vulnérable et humiliée.»

D'un autre côté, il est bon pour tous les membres de la famille de montrer que vous pouvez rire de vous-même, ou trouver un côté drôle à une mauvaise expérience. «Mais pas de blagues lourdes où, sous le couvert de l'humour, vous vous rabaissez», précise Jennifer Hardacre. Martin Seligman, auteur de *Apprendre l'optimisme* (Inter Éditions 1994), note que le fait d'être capable de rire de ses petits travers favorise une bonne santé mentale.

Partager les mots d'esprit de nos enfants, apprécier leurs rires, rire de bon cœur nous-mêmes, tout cela encourage le développement d'un sens de l'humour sain. Vous n'avez cependant pas besoin de faire semblant ou encore de permettre un concours de rots à table, si cela ne vous convient pas. Le monde déborde de situations humoristiques potentielles qu'on peut partager, aussi bien avec les jeunes qu'avec les adultes.

De l'humour à l'horreur: la fascination de la peur

À l'âge de six ans, Gabriel, le fils de Nadine Dufour, a commencé à être fasciné par la collection *Chair de poule* (Les éditions Héritage jeunesse). Il ne savait pas encore lire, mais chaque fois que nous allions à la bibliothèque, il insistait pour rapporter quelques-uns de ces livres à la maison. Aussitôt arrivé, il s'enfermait dans sa chambre pour regarder les illustrations terrifiantes. «C'était comme une récompense honorifique, raconte Nadine.

Il cherchait à s'affirmer – qu'il était suffisamment grand et brave pour regarder ce genre de livres.»

Aujourd'hui, Gabriel a sept ans et il aime autant regarder les émissions de télé effrayantes qu'en lire les livres.

Pourquoi, chez les enfants d'âge scolaire, tant de jeunes aiment-ils avoir peur? «C'est à cause de l'excitation que ça leur procure, explique Colette Francisi, mère de Sammy, un enfant de sept ans. Pour les enfants, aimer avoir peur est en quelque sorte un luxe. Ils peuvent maîtriser la peur que leur inspirent les livres et les films d'horreur. Même s'ils ont quelques frissons, ils savent qu'ils sont saufs et en sécurité.»

Malheureusement, vers l'âge de huit ans, la mode est à l'horreur et, lorsque l'enfant est avec certains amis, ces derniers peuvent exercer une pression sur lui pour qu'il regarde des films terrorisants qu'il n'est pas encore prêt à regarder. «Visionner des films d'horreur peut être pour l'enfant une façon de prouver à ses amis ainsi qu'à lui-même qu'il est brave et dur. Et lorsque le film est terminé, il clame haut et fort: "J'ai même pas eu peur!" souligne Colette. Cependant, une fois rentré chez lui, il fera peut-être des cauchemars sur les dinosaures ou les extraterrestres, par exemple.»

L'important dans tout ça, c'est de surveiller les réactions de votre enfant, et non ce que ses amis aiment. Chaque enfant est différent et celui qui a beaucoup d'imagination et une sensibilité à fleur de peau peut devoir être protégé, même s'il veut faire comme ses amis.

Vous pouvez l'aider en lui interdisant de regarder des émissions qui, selon vous, lui feront peur (c'est plus facile pour un enfant de se plaindre que ses parents ne lui en donnent pas la permission que d'avouer à ses amis qu'il a peur), en lui trouvant des films moins terribles à regarder et en les regardant avec lui.

«Sammy veut parfois regarder une émission d'horreur à la télévision. Il est tout excité et il me demande d'éteindre partout dans la maison, raconte Colette. Puis, après un petit moment, il me supplie: "Maman, ne pars pas!"» Savoir que sa mère est là pour le sécuriser lui procure le réconfort dont il a besoin pour apprécier les passages qui lui font peur plutôt que de les subir.

Ce n'est pas parce que les enfants sont fascinés par les monstres, les manèges effrayants et les histoires de fantômes – ce qui est fréquent à cet âge – qu'ils deviendront nécessairement des adultes qui ont un intérêt pour ce qui est morbide. Ils ne font que se mouiller les pieds dans un monde qui peut parfois faire peur, surtout lorsque l'on n'a pas encore huit ans.

Jamais trop vieux
faire la lecture aux enfants

À sept ans, Romain Girouard commence à aimer lire seul des histoires peu compliquées. A-t-il un livre préféré? «*Bilbo le hobbit* et *Le Seigneur des anneaux* sont de loin mes préférés. J'aime bien aussi *L'Île au trésor*, *Merlin*, oh! et *Robinson Crusoé*.»

Il est évident que Romain ne lit pas suffisamment bien pour avoir lu tous ces livres. Son amour des livres – qui sont assez imposants pour son âge – découle directement des heures que ses parents, surtout son père, ont passées à lui lire des histoires.

«Se faire lire des histoires et les lire soi-même sont deux activités complètement différentes pour Romain, remarque son père, Paul. Se faire lire une histoire avant de se coucher est un moment magique dans sa journée. Si je sais que je serai absent à l'heure du coucher, nous prévoyons toujours un moment où nous pourrons rattraper cet instant privilégié.»

Dans son article «Dure, dure la lecture!» (*Le Magazine Enfants Québec*, août-septembre 1999), Germain Duclos confirme que «le goût de la lecture prend sa source dans le milieu familial. Il est difficile pour un enfant de savoir ce que la lecture peut lui apporter si ses parents ne prêchent pas par l'exemple.» L'orthopédagogue et psychoéducateur rappelle par ailleurs la dimension affective de la motivation à lire. «Le jour où l'enfant anticipera du plaisir et sera convaincu que la lecture lui sert à augmenter ses connaissances et à atteindre ses buts... alors, il aimera lire.»

Dominique Demers, auteure de *La bibliothèque des enfants – Des trésors pour les 0 à 9 ans* (Québec Amérique Jeunesse, 1995) et enseignante en littérature jeunesse, recommande pour sa part de mettre de la vie dans les histoires racontées et surtout, de ne pas abandonner cette belle habitude parce qu'un enfant a appris à déchiffrer des mots.

Lire à voix haute est une tradition familiale pour Charlotte Avril, mère de deux enfants. «Je me souviens que ma mère me racontait comment son père avait l'habitude de leur lire des histoires, dit-elle, et je me souviens fort bien des histoires qu'on me lisait quand j'avais sept ou huit ans.» Même encore aujourd'hui, alors que leurs enfants ont 10 et 13 ans, Charlotte et son mari partagent à l'occasion un livre avec eux. «Ce que j'aime surtout, confie Charlotte, c'est que l'on peut lire des histoires que les jeunes auraient de la difficulté à lire seuls. J'ai l'impression de les encourager à lire différents genres de livres.»

Charlotte fait cependant remarquer que les goûts et les intérêts varient selon les enfants. «Nous avons commencé à lire des livres de La Bibliothèque Verte à Adrienne quand elle avait cinq ans, mais Charles n'était pas prêt pour ce genre de lecture avant ses huit ans. Il n'aimait pas beaucoup les longues histoires. Il m'a fallu un certain temps avant de découvrir le genre de livres qu'il aimait. Il apportait toujours à la maison des livres faciles à lire et abondamment illustrés. Nous nous sommes donc mis à lui lire ce genre de livres aussi.»

Le père de Romain a lu (plutôt héroïquement) deux fois à son fils la trilogie *Le Seigneur des anneaux*. Mais vous n'êtes pas obligé de faire de même et de vous forcer à lire les «classiques» si vous n'aimez pas ça. Il existe beaucoup d'œuvres de fiction pour les enfants, des livres d'histoire fascinants et de courts romans adaptés pour les jeunes qui sont prêts à aborder une écriture plus raffinée, mais ne peuvent pas encore lire un gros roman. Demandez au libraire de vous conseiller et, si votre enfant a presque huit ans, regardez dans votre bibliothèque. Que dire des livres tels que *Le petit Prince* ou *Jonathan Livingstone le goéland*? De quelques bons romans de science-fiction? Il n'y a aucun intérêt à vous acharner à lire à vos enfants des livres pour adultes tant qu'ils ne seront pas prêts à les comprendre et à les apprécier. Mais, dès qu'ils y seront prêts, rien ne vaut le plaisir de lire à votre enfant un livre que vous aimez.

Quoi que vous lisiez à votre jeune lecteur en herbe, vous lui apportez une expérience qu'il ne peut pas s'offrir lui-même. Il fait un gros effort pour lire et il a encore besoin de toute son attention seulement pour décoder les mots. Quand il lit seul, il reste bien peu de place pour l'imagination, la rêverie et la beauté. Quand c'est vous qui lisez, il peut vraiment se plonger dans l'histoire. Maitland MacIsaac, spécialiste de l'apprentissage de la lecture, note: «L'esprit de l'enfant est libre de se représenter les images au fil de l'histoire. La lecture à voix haute permet à l'enfant de visualiser, et la visualisation est vitale pour une bonne lecture.»

«De plus, souligne-t-il, la tradition orale est plus flexible que la lecture silencieuse.» Vous ou l'enfant pouvez vous arrêter à tout instant pour poser des questions, situer les événements dans le contexte plus large de l'histoire ou l'associer à sa propre vie. Si vous lisez «Un gros ours noir marchait tout près», il peut vous arrêter et demander: «Est-ce qu'il y a des ours qui vivent par ici?» Vous pouvez vous souvenir alors de cette nuit en camping où vous aviez entendu des pas dans les buissons. Ou il peut rester dans le contexte de l'histoire et dire: «C'est peut-être le même ours que le garçon a vu au début du livre.» Ou encore, il peut simplement penser ces choses, sans interrompre l'histoire. Il fait tout de même un travail cérébral.

Lire à voix haute est une excellente expérience éducative, mais la plupart des parents et des enfants ont une tout autre raison pour poursuivre cette tradition: c'est tout simplement une merveilleuse façon de passer du temps ensemble. «Romain est à l'école toute la journée et il est vraiment très actif dans une maison en ébullition, explique sa mère. Certains jours, le seul moment tranquille que nous ayons ensemble, c'est lorsque je lui lis une histoire au moment du coucher. Je n'aimerais pas que ça disparaisse, même si je sais qu'il est capable de lire tout seul.»

lectures

Les premiers romans à lire à voix haute

Vous cherchez par où commencer? Voici quelques titres de livres (mini-romans) sélectionnés en 2005-2006 par Communication Jeunesse, un organisme culturel à but non lucratif ayant comme objectif, entre autres, d'encourager, de soutenir et de promouvoir la littérature québécoise et canadienne-française pour la jeunesse et de transmettre aux jeunes le goût de la lecture:

- Alain M. Bergeron, ill. Jules Prud'homme *Lettres de décembre 1944*, Éditions Pierre Tisseyre, 2004.
- Alain M. Bergeron, ill. Samuel Parent (Sampar) *Une mission pour Vaillant*, Michel Quintin, 2004.
- Camille Bouchard, ill. Paule Thibault *Lune de miel*, Dominique et compagnie, 2004.
- Marie-Andrée Boucher Mativat, *Drôle de vampire*, Hurtubise HMH, 2004.
- Laurent Chabin, ill. Jean Morin *Malourène et le maître du monde*, Michel Quintin, 2005.

- Marie-Danielle Croteau, ill. Marie Lafrance *Réglisse solaire*, Dominique et compagnie, 2004.
- Jean-Pierre Davidts, ill. Anne Villeneuve, *Coup de cochon*, Boréal, 2005.
- Marie Décary, ill. Steve Beshwaty *Un oiseau rare*, La courte échelle, 2004.
- Yvan DeMuy, ill. Lyne Meloche *Le grand amour de Jérémie*, Michel Quintin, 2004.
- Christiane Duchesne, ill. Bruno St-Aubin *Julia et le chien perdu*, Boréal, 2004.
- Gilles Gauthier, ill. Pierre-André Derome *La petite Lilli est un génie*, La courte échelle, 2004.
- Annie Langlois, ill. Steve Beshwaty *Victorine et la liste d'épicerie*, La courte échelle, 2004.
- Martine Latulippe, ill. Marie-Claude Favreau *Les orages d'Amélie-tout-court*, Dominique et compagnie, 2004.
- Louise Leblanc, ill. Marie-Louise Gay *Sophie défend les petits fantômes*, La courte échelle, 2004.
- Caroline Merola *La vache qui lit*, Soulières éditeur, 2004.
- Julia Pawlowicz, ill. Anne Dionne *Un voleur dans le jardin*, Le Loup de Gouttière, 2004.
- Roger Poupart, ill. Céline Malépart *Je ne suis plus ton ami*, La courte échelle, 2004.
- Paul Rousseau, ill. Samuel Parent (Sampar) *Le monstre du sofa*, Michel Quintin, 2004.
- Gilles Tibo, ill. Jean Bernèche, *Le grand ménage du petit géant*, Québec Amérique jeunesse, 2005.
- Gilles Tibo, ill. Stéphane Jorisch *Le voyage du funambule*, La courte échelle, 2004.

Le mot de la fin
apprendre en tout temps

C'était un jour de septembre particulièrement chaud, et Anouk Martin allait faire l'épicerie avec sa famille. Toutes les fenêtres de la voiture étaient ouvertes. Guillaume, huit ans, a sorti sa main par la fenêtre et l'a tenue dans le vent créé par le déplacement de la voiture. Il a remarqué que, lorsqu'il penchait légèrement la main, la pression du vent la poussait vers le haut. Il a essayé de la pencher dans différentes directions. Parfois le vent la poussait vers le haut, parfois vers le bas. Et il a remarqué que lorsque la voiture ralentissait, il sentait moins de pression contre sa main.

«Tu sais quoi?» a-t-il dit à sa mère (qui avait surveillé son fils du coin de l'œil). «Je crois que je viens de comprendre comment fonctionnent les ailes d'un avion.»

L'expérience de Guillaume illustre un fait important que les parents ont parfois tendance à oublier: les enfants apprennent une quantité étonnante de choses par eux-mêmes, sans leçons, ni exercices ni matériel éducatif. John Holt, expert en éducation aujourd'hui décédé, a écrit: «Parmi toutes les choses que j'ai apprises sur les enfants après avoir passé de très nombreuses années à vivre avec eux, à observer attentivement ce qu'ils font et à y réfléchir, la plus extraordinaire, c'est qu'ils apprennent naturellement. Ce dont nous pouvons être certains, c'est que les enfants ont un désir passionné de comprendre le plus de choses possible.»

Comment pouvons-nous soutenir le désir naturel d'apprendre de notre enfant?

«Mes enfants apprennent beaucoup rien qu'en étant avec moi, fait observer Martin Rioux, un père à la maison. L'autre jour, nous faisions des biscuits et les enfants voulaient inventer leur propre recette. Alors, nous l'avons fait. Je les ai supervisés lorsqu'il s'agissait d'établir la liste des ingrédients essentiels et nous avons lu quelques recettes, puis ils ont fait à leur idée. Les enfants ont appris à faire une recherche, ont fait quelques expériences culinaires, ont eu un cours pratique de pâtisserie et ils se sont bien amusés.»

Offrir aux enfants des occasions d'explorer le monde, pas nécessairement celui de Disney ou le Cosmodôme, mais le supermarché, le garage, la banque, les bois, la cuisine est une excellente façon de les encourager à apprendre. Cela ne veut pas dire de traîner derrière nous, dans tous nos déplacements, des enfants qui s'ennuient et qui protestent, mais de les inviter simplement et assez souvent à prendre part à ce qui se passe autour d'eux: aider à faire l'épicerie et à payer, aller chez le vétérinaire et observer l'examen du chien, ou simplement sauter dans les feuilles pendant que vous ratissez. L'intérêt que nous leur démontrons lorsqu'ils font des observations et notre empressement à alimenter leur curiosité («Tu as trouvé un drôle d'insecte? Montre-moi. Oh, c'est un mille-pattes. Peux-tu deviner pourquoi on l'appelle comme ça?») enrichissent leur apprentissage.

Nous pouvons aussi les aider à poursuivre leurs propres intérêts, d'une façon qui leur convienne. «À l'âge de sept ans, il était évident que mon fils aîné avait une excellente oreille musicale, se souvient Martin. Mais il était aussi évident qu'il n'était pas prêt à suivre des cours de musique structurés. Il avait de la difficulté à rester attentif et trouvait difficile de répéter toujours les mêmes choses. J'ai donc attendu qu'il décide de suivre des cours, vers l'âge de 11 ans. Entre-temps, je lui ai enseigné quelques notions de musique sur ma guitare et je lui ai permis d'en jouer comme bon lui semblait. Nous avons fait beaucoup de musique à la maison et sommes allés écouter des concerts lorsque nous en avions la possibilité. Lorsqu'il a commencé ses cours de musique, il en connaissait déjà beaucoup sur le sujet et il a progressé très rapidement.» Pour les adultes, il semble évident que l'apprentissage se fait par les livres et les cours, mais les enfants peuvent préférer une approche moins formelle et apprendre tout aussi bien.

Le contact avec les gens de tous âges, des parents aux amis de la famille et des camarades de classe aux vendeurs et aux chauffeurs d'autobus qu'ils rencontrent tous les jours, leur fournit la possibilité d'observer et d'apprendre à se comporter en société. «Nous ne voulons pas mettre nos enfants mal à l'aise, mais nous les encourageons à s'exprimer plutôt que de toujours être leur intermédiaire, dit Martin Rioux. Ils apprennent à faire partie de la grande communauté en dehors de leur famille. Ils peuvent prendre la file et passer une commande au restaurant ou téléphoner au musée pour connaître les heures d'ouverture.» De nos jours, nous avons tendance à les surprotéger, tant et si bien que nous oublions parfois la satisfaction et la confiance en soi que gagnent les enfants lorsqu'ils apprennent, en présence de leurs parents, à communiquer agréablement avec toutes sortes de gens.

Les amis, bien entendu, ont un rôle particulier à jouer. Aujourd'hui et pour des années encore, le temps que les enfants passent avec leurs amis est une expérience intense dans leur développement, tandis qu'ils négocient, argumentent, partagent, rient, se guident les uns les autres, sont en compétition et jouent ensemble. Rosemary McConnell, administratrice de l'école Montessori Dearcroft à Oakville, en Ontario, explique que les enfants de six ans et plus sont à un stade de développement où leurs besoins sociaux sont extrêmement importants, et ils doivent avoir du temps pour socialiser et jouer librement avec les autres.

Finalement, nous pouvons valoriser et sauvegarder les jeux de nos enfants. Pour eux, le jeu est une ouverture sur l'apprentissage. «Pour chaque chose qu'un enfant apprend en lisant, il en apprend mille en jouant, dit Valerie Fronczek du Children's Play Resource Centre de Vancouver. Nous pouvons enseigner aux enfants à lacer leurs souliers ou à traverser la rue en toute sécurité, ou encore à lire. Mais nous ne pouvons pas les préparer pour l'avenir, parce que nous ne savons pas ce qui va arriver. Seul le jeu peut le faire. Le jeu aide les enfants à être plus créatifs, débrouillards et à être capables de trouver de nouvelles solutions aux problèmes.»

Un enfant a souvent à sa disposition un environnement invitant, des tas de jouets intéressants et d'autres enfants avec qui jouer, mais le temps pour jouer lui fait malheureusement souvent défaut. S'il passe déjà plusieurs heures par jour à l'école, fait le trajet aller-retour, quelques tâches ménagères, ses devoirs et suit des cours de gymnastique, il aura tendance à passer le peu de temps libre qui lui reste devant la télévision, épuisé.

Il arrive parfois que les parents doivent obliger les enfants à jouer.

John Holt demande tout particulièrement aux parents de respecter cette faculté qu'ont leurs enfants d'apprendre naturellement. «Pour eux, tout est matière à apprendre, écrit-il. La meilleure façon de les aider, ce n'est pas en décidant ce que nous pensons qu'ils devraient apprendre et en songeant à des moyens ingénieux de le leur enseigner, mais en leur rendant le monde accessible, dans la mesure de nos moyens.»

En dépit de la vie trépidante que vous menez, essayez donc de laisser à votre enfant le temps et l'espace dont il a besoin pour tout simplement être un enfant, jouer, explorer, rêver. Invitez-le souvent dans votre monde et joignez-vous à lui. Vous serez surpris de tout ce que vous apprendrez, vous aussi.

Lectures recommandées

Voici une liste d'ouvrages généraux et thématiques particulièrement utiles pour vous aider à comprendre, à guider ou simplement à vivre avec un enfant d'âge scolaire:

Ouvrages généraux:

Stephen R. Covey, *Les 7 habitudes des familles épanouies*, Paris, First Editions, 1998.

Germain Duclos, *Du côté des enfants, volume II*, Montréal, Publications de l'Hôpital Sainte-Justine en collaboration avec le *Le Magazine Enfants Québec*, 1992.

Germain Duclos, *Du côté des enfants, volume III*, Montréal, Publications de l'Hôpital Sainte-Justine, 1995.

Germain Duclos, Danielle Laporte, Jacques Ross, *Les besoins et les défis des enfants de 6 à 12 ans*, Saint-Lambert, Les éditions Héritage, 1994.

Stanley I. Greenspan MD, *Parlez avec votre enfant: de la maison à la cour de récréation*, Paris, Éditions Payot, 1994.

Yves Lamontagne, *Être parent dans un monde de fous*, Laval, Guy Saint-Jean Éditeur, 1997.

Danielle Laporte, *Être parent, une affaire de cœur*, Montréal, Publications de l'hôpital Sainte-Justine, 1999.

D. Laporte et L, Sévigny, *Comment développer l'estime de soi de nos enfants: guide pratique à l'intention des parents d'enfants de 6 à 12 ans*, Montréal, Publications de l'hôpital Sainte-Justine, 1998.

Paul Osterrieth, *Introduction à la psychologie de l'enfant*, Paris, Presses universitaires de France, 1976.

Ouvrages thématiques:
Dis-moi, d'où viennent les bébés?, Saint-Lambert, Les éditions Héritage, 1997.

Robert Bélanger, *La jalousie entre frères et sœurs*, Montréal, Les Éditions Robert Bélanger, 1984.

Marie-France Botte et Pascal Lemaître, *Qui s'y frotte s'y pique: ou comment Lili a appris à dire non*, Paris, L'Archipel/ Unicef, 1997.

Centre national d'information sur la violence dans la famille, www.phac-aspc.gc.ca

Bette Chambers *et al.*, Monique Doyon (adapt.), *Découvrir la coopération: activités d'apprentissage coopératif pour les enfants de 3 à 8 ans*, Montréal, Éditions de la Chenelière, 1997.

Carol Cope Soret, *Attention parents! éveillez vos enfants aux dangers qui pourraient les menacer*, Montréal, Éditions de l'Homme, 1998.

Dominique Demers, *La bibliothèque des enfants – Des trésors pour les 0 à 9 ans*, Montréal, Éditions Québec Amérique Jeunesse, 1995.

Denise Destrempes-Marquez, Louise Lafleur, *Les troubles d'apprentissage: comprendre et intervenir*, Montréal, Publications de l'hôpital Sainte-Justine en collaboration avec l'AQETA, 1999.

Adele Faber et Elaine Mazlish, *Jalousies et rivalités entre frères et sœurs: comment venir à bout des conflits entre vos enfants*, Paris, Stock, 1989.

Josée Jacques, *Psychologie de la mort et du deuil*, Montréal, Modulo Éditions, 1998.

Janet E. Leblanc, Louise Dickson, *Parlons franchement des enfants et du sport*, Montréal, Éditions de l'Homme, 1997.

Terry Orlick, *Votre enfant peut jouer gagnant*, Montréal, Bellarmin, 1980.

Jocelyne Robert, *Ma sexualité de 6 à 9 ans*, Montréal, Éditions de l'Homme, 1986.

Jocelyne Robert, «Touche-moi pas», dans *Le Magazine Enfants Québec*, décembre-janvier 1999.

Jocelyne Robert, *Te laisse pas faire! les abus sexuels expliqués aux enfants*, Montréal, Éditions de l'Homme, 2000.